KB117083

땅의 예찬

정원으로의 여행

땅의 예찬

1판 1쇄 발행 2018. 3. 9.
1판 3쇄 발행 2023. 12. 29.

지은이 한병철
옮긴이 안인희

발행인 고세규
편집 강영특 | 디자인 이은혜
발행처 김영사

등록 1979년 5월 17일 (제406-2003-036호)
주소 경기도 파주시 문발로 197(문발동) 우편번호 10881
전화 마케팅부 031)955-3100, 편집부 031)955-3200, 팩스 031)955-3111

값은 뒤표지에 있습니다.
ISBN 978-89-349-8088-9 03100

홈페이지 www.gimmyoung.com   블로그 blog.naver.com/gybook
인스타그램 instagram.com/gimmyoung   이메일 bestbook@gimmyoung.com

좋은 독자가 좋은 책을 만듭니다.
김영사는 독자 여러분의 의견에 항상 귀 기울이고 있습니다.

한 병 철

안인희 옮김

땅의
예찬

Lob der Erde

정원으로의 여행

김영사

차례

일러두기

- 본문에서 '[ ]' 안의 내용은 옮긴이 주이다.
- 식물명은 되도록 학명을 찾아 병기했다.
- 독일이라는 '나라'를 넘어 오늘날의 독일, 오스트리아, 스위스 지역에서 공통으로 사용하는 '언어'를 가리킬 때는 '도이치(deutsch)'라는 표현을 사용했다.

그러나 이제 짐승들에게 물어보아라.
그것들이 가르쳐줄 것이다.
공중의 새들에게 물어보아라.
그것들이 일러줄 것이다.

땅에게 물어보아라. 땅이 가르쳐줄 것이다.
바다의 고기들도 일러줄 것이다.

주님께서 손수 이렇게 하신 것을,
이것들 가운데서 그 무엇이 모르겠느냐?

욥기 12장 7-9절

들어가는 말

어느 날 땅에 더 가까워지고 싶다는 동경을, 아니 절박한 욕구를 느꼈다. 그래서 매일 정원 일을 하기로 마음먹었다. 세 번의 봄, 여름, 가을, 겨울, 그러니까 3년 동안 '비원(비밀 정원이란 뜻의 한국어)'이라 이름 지은 정원에서 일했다. 이전 주인이 장미나무 아치에 매달아놓은 하트 모양 팻말에는 아직도 '꿈의 정원Traumgarten'이란 이름이 그대로 적혀 있다. 그건 그대로 두었다. 나의 **비밀정원**은 정말 꿈의 정원이 기도 하다. 나는 그곳에서 **다가오는 땅**의 꿈을 꾸는 것이니 말이다.

정원 일은 내게는 고요한 명상, **고요함** 속에 머무는 일이 었다. 그것은 시간이 **멈추어 향기를 풍기게** 해주었다. 정원에서 일하는 시간이 길어질수록 땅에 대해, 그 현혹하는 아름다움에 점점 더 큰 존경심을 품게 되었다. 그러면서 대지가 신의 창조물임을 깊이 확신한다. 정원은 내가 이런 확신에 도달하도록 도와주었다. 이제는 확실성이 되어버린, 일종의 **증거의 성격**을 지닌 통찰에 도달하도록 도와준 것이다. 증거Evidenz란 원래 '본다'는 뜻이다. 나는 **그것을 보았다**.

꽃피는 정원에 머물면서 나는 다시 경건해졌다. 과거에 **에덴동산이** 있었고, 또한 **미래에도 있을 것**임을 믿는다. 언제나 새로 시작하고 그를 통해 모든 것을 새롭게 만드는 **놀이꾼** 창조주 하느님을 믿는다. 그가 창조한 인간도 **함께 놀이할** 의무가 있다. 노동이나 **성과**는 놀이를 파괴한다. 이는 맹목의 번뜩이고 말없는 행동이다.

이 책의 많은 구절은 땅과 자연을 향한 기도이자 고백, 곧 사랑의 고백이다. 생물학적인 진화Evolution란 없다. 모든 것은 **신의 혁명**Revolution 덕에 생긴 일이다. 나는 **그것을 몸소 경험**했다. 생물학은 결국에는 **신학**, 즉 **신의 가르침**이다.

땅은 생명 없이 죽어 있는, 말 못하는 존재가 아니다. 오히려 능변의 생명체, 살아 있는 유기체다. 돌조차도 살아 있다. 생트빅투아르산에 매료되어 있던 세잔Cézanne은 **암벽**

의 **특별한 생명성과 힘**, 그 비밀을 알고 있었다. 일찍이 노자는 다음과 같이 가르쳤다.

세계는 신령한 그릇 같다. 우리는 그것을 붙잡지 못한다.
그것을 붙잡으려는 사람은 오히려 잃어버린다.

신령한 그릇인 땅은 부서질 수 있다. 우리는 오늘날 땅을 잔인하게 착취하고 마모시키면서 그를 통해 완전히 파괴하는 중이다.

땅을 **보호하라**는 명령, 곧 땅을 **아름답게 대하라**는 명령이 땅에서 나온다. '보호하다schonen'라는 낱말은 어원으로 보아 '아름다운 것das Schöne'이라는 말과 친척이다. 아름다운 것은 우리에게 그것을 보호할 의무, 아니 명령을 내린다. **아름다운 것은 보호하는 태도로** 대하는 것이 옳다. 땅을 **보호하는** 것은 인류의 절박한 과제이자 의무이다. 그것이 아름다운 것, **뛰어난** 것이니 말이다.

보호는 찬양을 요구한다. 다음의 구절들은 땅을 찬양하는 노래, 찬가들이다. 이《땅의 예찬》은 아름다운 **땅의 노래**처럼 울려야 한다. 아니, 오늘날 우리에게 닥친 심각한 자연재앙을 앞에 두고, 많은 이들에게는 **흉보凶報**로 읽혀야 할 것이다. 이는 땅이 인간의 냉혹함과 폭력에 보내는, 분노에 찬 답변이다. 우리는 땅에 대한 경외심을 모조리 잃었다. 더는 땅을 **보지도 듣지도** 않는다.

Oleaceae

Jasminum nudiflorum

영춘화 (물푸레나뭇과)

겨울여행

슈베르트의 〈겨울여행Winterreise〉[겨울나그네]을 나는 특히 사랑한다. 무엇보다도 '봄의 꿈'을 자주 노래하곤 했다.

울긋불긋 꽃들을 꿈꾸었네,
5월에 피어난 모습을,
초록 들판을 꿈꾸었네,
즐거운 새들의 외침을.

수탉이 울어
눈을 떴네.
사방은 춥고 어둡고

지붕에선 까마귀 우짖는다.

하지만 저기 창유리에
누가 잎사귀를 그려놓았나?
잎사귀들아, 너희는 겨울에 꽃을 보는
꿈쟁이를 비웃는 거지?

어쩌자고 정원에 대한 책을 겨울과 〈겨울여행〉으로 시작하는가? 겨울이란 정원 시간의 절대적 종말을 뜻하는 것일 터인데. 이 책에서 나의 봄의 꿈 이야기를 하거나, 또는 5천 개 눈송이의 사진을 찍은 윌슨 벤틀리Wilson Bentley의 뒤를 이어 얼음꽃에 빠져들려는 마음은 없다.

베를린의 겨울은 혹독하다 못해 파괴적이다. 영원히 계속되는 이 축축하고 어두운 추위보다는 차라리 지옥불이 더 견디기가 나을 것이다. 빛이 완전히 꺼진 것만 같다.

그건 다름 아닌 겨울,
차갑고 사나운 겨울

베를린 겨울의 영원한 잿빛을 보고 있으면, 겨울 한가운

데서 밝게 꽃피는 정원을 바라는 **형이상학적 소망**이 깨어
난다.

베르톨트 브레히트Bertolt Brecht의 이상적 정원은 유감
스럽게도 추운 겨울 몇 달에 대한 대비가 없다. 그냥 3월에
서 10월까지만 꽃이 핀다.

> 호숫가 소나무와 은백양나무 사이 깊숙한 곳에
> 담장과 관목에 가려진 정원 하나,
> 달마다 피는 꽃들을 지혜롭게 심었네,
> 3월부터 10월까지 꽃이 피도록

정원사의 지혜라는 게 내겐 분명 부족한 모양이다. 1월부
터 12월까지 **1년 내내** 꽃이 피는 정원을 가꾸기로 마음먹었
으니. '내려놓을 줄 아는' 정원사의 지혜보다 형이상학을,
형이상학의 열망을 더 좋아하니 말이다.

겨울정원

롤랑 바르트Roland Barthes의 《밝은 방La chambre claire》도
저 형이상학적인 열망에 사로잡혀 있다. 이는 애도의 책, 애
도노래다. 그것은 그가 평생 함께 살았던 죽은 어머니를 불
러낸다. 사진 한 장이 이 책의 바탕을 이루는데, 바르트는
이 사진 주변을 애절하게 맴돈다. 끌어안고 숭배한다. 하지
만 책에는 그 사진이 들어 있지 않다. **그것은 거기 없음으로
광채를 낸다.** 그의 어머니가 다섯 살짜리 소녀로 **겨울정원**
에 서 있는 사진이다.

> 겨울정원 맨 뒤편에 내 어머니가 서 있다. 그 얼굴은 희미
> 하고 창백하다. 첫눈에 나는 압도되었다. "어머니다! 그래,

어머니야! 마침내 어머니다!"

바르트는 사진의 두 요소, 곧 **스투디움**studium과 **풍크툼**
punctum을 구분한다. 스투디움이란 우리가 사진에서 읽어
낼 수 있는 정보들을 말한다. 이로써 우리는 사진을 탐구할
수 있다. 그에 반해 풍크툼은 정보를 주지 않는다. 말 그대
로 하자면 그것은 '새겨진 것'이라는 의미로, 라틴어 낱말
'pungere(새기다)'에서 나온 것이다. 풍크툼은 관찰자의 마
음을 꿰뚫고 흔들어놓는다.

내게 있어 《밝은 방》의 **풍크툼**은 그의 유일한 애인인 어
머니가 서 있는, 책에서 보여주지 않는 겨울정원[온실이라는
의미도 있음]이다. 여기서 나는 겨울정원을 이중의 모습으로
본다. 그것은 죽음과 부활을 위한 상징적 장소, 형이상학적
애도노래의 장소다. **밝은 방**은 내 눈에는 꽃피는 정원, 겨울
어둠 속의 **밝은** 빛, 죽음 한가운데의 생명, 오늘날의 죽은
삶 한가운데서 다시 깨어나는 삶의 경축이다. 형이상학의
빛 한 줄기가 **검은 방**chambre noir을 **밝은 방**chambre claire
으로, **밝은 겨울정원**으로 바꾼다.

롤랑 바르트는 낭만적인 노래들을 사랑했다. 그는 노래
수업을 받았다. 그가 노래하는 것을 듣고 싶다. 바르트가 노

래하면서 글을 쓰거나 아니면 글을 쓰면서 노래한다는 느
낌을 자주 받는다. 《밝은 방》은 그 자체가 41편의 노래/장
章으로 구성된 일종의 낭만적 연가連歌다. 29번째 노래는
'어린 소녀'라는 제목이다.

　《밝은 방》은 내게는 〈겨울여행〉처럼 들린다. 롤랑 바르트
는 자신의 어머니이자 애인을 찾아 '**죽은 자들**의 나라'를
여행한다. 어머니라는 **진리**를 찾아 끝없이 떠도는 것이다.

> 　내가 **시간**을 거꾸로 거슬러 이 사진을 찾아냈다는 생각을
> 나는 아직 완전히 털어내지 못했다. 그리스 사람들은 거꾸
> 로 거슬러서 **죽은 자들**의 나라로 들어갔다. 그들 앞에는
> 그들의 과거가 나타났다. 이런 식으로 나는 하나의 생애,
> 나의 것이 아니라 내가 사랑한 사람의 것인 하나의 생애
> 를 자세히 살펴보았다.

　바르트는 겨울정원의 사진을 두고 "슈만이 정신착란에
빠지기 전에 쓴 마지막 음악과 같다. 〈아침의 노래Die
Gesänge der Frühe〉의 첫 노래는 내 어머니의 본질, 그리고
어머니의 죽음이 내게 가져다준 슬픔과 아주 잘 어울린다"
고 썼다. 다섯 개의 피아노 소품들로 이루어진 〈아침의 노

래〉는 슈만의 마지막 피아노 작품집이다. 자살을 시도하기 사흘 전에 그는 이를 가리켜 '아침이 다가와 점점 모습을 드러낼 때의 느낌을 묘사한 작품들'이라 불렀다. 클라라 슈만은 이 작품들을 보고 처음에는 어찌할 바를 모르겠다는 반응을 보였다. "매우 독창적인 작품들이지만 이해하기가 어렵다. 거기엔 온전히 저만의 분위기가 있다."

〈아침의 노래〉는 새로 깨어나는, 새로 부활하는 삶을 향한 동경에 붙잡혀 있다. 그것은 애도노래다. 깊은 우수가 감지된다. 죽음과 부활이 핵심이다. 슈만의 〈스페인 가곡 Spanisches Liederspiel〉이 이미 새로 깨어나는 삶을 향한, 아침을 향한 동경 어린 기대를 노래한다.

언제, 언제 아침이 오려나,

언제, 대체 언제!

내 삶을 이런 속박에서 풀어줄 아침이?

고통으로 흐려진 눈이여,

사랑의 고통만 보나,

기쁨은 보지 못하나,

오로지 상처에 상처가,

고통에 이어 고통이 내게 주어지는 것만을 보나,

그 긴 삶에서

즐거운 단 한 시간도 없나?

내 결코 보지 못할

그 시간을 내가 보는

그런 일이 일어난다면 얼마나 좋을까!

내 삶을 이런 속박에서 풀어줄

아침은 언제 오려나.

  신비로운 후광이 〈아침의 노래〉 첫 곡을 둘러싸고 있다. 지독한 우수를 벗어나 착란으로 넘어간다. 최초의 망설이는 빛줄기가 어둠을 뚫고 나오는, 저 변용變容과 황홀경의 찰나들, 억눌린 환희의 순간들이 우수를 끊어놓는다. 새벽은 통상적인 시간보다 앞선, 그리고 삶과 죽음의 시간이 멈추어진 과거에 들어 있는, 시간-이전이다. 〈아침의 노래〉는 꽃피는 겨울정원을 향하는 나의 환상에 생명을 불어넣고, **목소리를 준다**[규정한다]. 이 노래들이 이 책의 기본음조이다.

Flos glacialis

얼음꽃

타자의
시간

정원에서 나는 계절을 훨씬 더 강하게 느낀다. 다가오는 겨울을 앞둔 고통도 그만큼 커진다. 빛은 점점 더 약해지고 옅어지고 희미해진다. 전에는 빛에 그토록 주의를 기울인 적이 없었다. 죽어가는 빛이 고통스럽다. 정원에서는 무엇보다도 몸으로 계절을 느낀다. 빗물받이 통에서 떨어지는 물의 얼음장 같은 차가움이 몸속 깊이 파고든다. 하지만 거기서 느끼는 고통은 좋은 것, 생명을 불어넣어주는 것이다. 그 고통이 내게, 오늘날 **잘 조율된 디지털** 세계에서 점점 더 잃어가고 있는 현실감, 몸의 느낌을 되돌려준다. 정원에는 감각성과 물질성이 넉넉하다. 모니터보다 정원이 훨씬 더 **많이 세계를 포함한다**.

정원에서 일하게 된 뒤로 나는 시간을 다르게 느낀다. 시간이 훨씬 더 느리게 흐른다. 시간이 확장된 것이다. 다음 봄까지의 시간이 거의 영원처럼 느껴진다. 다음번 단풍은 이루 말할 수 없이 멀리에 있다. 여름도 끝없이 길다. 겨울은 영원히 계속된다. 겨울정원에서의 노동이 겨울을 더 길게 만든다. 정원사 노릇 첫해만큼 겨울이 길게 느껴진 적은 없었다. 나는 추위와 얼음서리로 몹시 고통을 겪었으나 나 자신 때문이 아니라 무엇보다도 겨울에 꽃피는 식물들, 눈과 얼음서리 한가운데서도 피어난 꽃들 때문이었다. 나의 걱정, 나의 염려는 무엇보다도 꽃들을 향했다. 정원은 나를 이기적 자아에서 한 발짝 더 멀리 떼어놓았다. 나는 자식이 없다. 하지만 정원에서 다른 이를 위한 걱정, 염려라는 것이 무슨 뜻인지 천천히 배우고 있다. 정원은 사랑의 장소였던 것이다.

정원의 시간은 **타자의 시간**이다. 정원은 내가 멋대로 할 수 없는 저만의 시간을 갖는다. 모든 식물은 저만의 시간을 갖는다. 정원에서는 수많은 저만의 시간들이 교차한다. 가을크로커스와 봄크로커스는 모습은 비슷해도 **시간감각**이 전혀 다르다. 모든 식물이 매우 뚜렷한 **시간의식**을 갖는다는 것, 어쩌면 오늘날 어딘지 **시간을 잃어버린, 시간이 부족**

한 인간보다 심지어 더욱 시간의식을 갖는다는 것이 놀랍다. 정원은 강렬한 시간체험을 가능케 한다. 정원에서 일하는 동안 나는 **시간이 많아**졌다. 누구든 정원에서 일하면 정원은 많은 것을 돌려준다. 내게는 **존재와 시간**을 준다. 불확실한 기다림, 꼭 필요한 참을성, 느린 성장이 특별한 시간감각을 불러온다. 《순수이성비판》에서 칸트는 인식을 벌이 Erwerb[직업]활동이라고 묘사한다. 칸트에 따르면 인식은 '진짜 새로운 벌이' 작업이다. 《순수이성비판》의 첫 판본에서 칸트는 '벌이'라는 말 대신에 '경작'이라는 말을 썼다. 무엇이 두 번째 판본에서 '경작' 대신 '벌이'라는 말을 쓰도록 한 것일까?

'경작'이란 말이 어쩌면 칸트에게는 **흙**이라는 원소의 위협적인 힘, 거기 들어 있는 불확실성, 계산할 수 없음, 저항, 자연의 힘 등을 너무 많이 연상시켰을지도 모른다. 그런 힘은 칸트가 생각하는 주체의 자율성 및 자유의 감정을 매우 방해했을 것이다. 도시에서의 직업활동은 계절의 변화와 무관하게 노동을 행할 수 있게 해준다. 계절의 리듬에 종속된 농부에게는 불가능한 일이다. 칸트가 '여자의 미덕'이라고 낮추어 불렀지만, 땅에 맡겨진 존재의 느린 성장에는 환영할 만한 기다림 또는 참을성은, 칸트의 주체에게는 자칫

낯선 것이다. 농부에게 주어진 불확실성이 그에게는 참을 수 없게 여겨졌을지도 모른다.

막스 셸러Max Scheler는 《사랑과 인식Liebe und Erkenntnis》에서 아우구스티누스가 '특이하고도 신비로운 방식으로' 식물에게 '인간의 관점에서 나오는' 요구를 할당한다고 지적한다. "마치 식물에게 제 존재에 대한 사랑 담은 인식을 통해 구원 비슷한 일이 일어나기라도 한다는 듯이" 말이다. 인식은 벌이가 아니요, **나의** 벌이는 더욱 아니며, **나의** 구원도 아니고 **타자**의 구원이다. 인식은 사랑이다. 사랑하는 눈길, 사랑 담은 인식이 존재결핍에서 꽃을 구원한다. 그러므로 정원은 **구원의 장소**다.

Adoxaceae

Viburnum bodnantense

올분꽃나무 (인동과)

땅으로
돌아가기

우리는 대지를 하늘의 여러 꽃들 중 하나라 불렀다. 그리
고 하늘을 삶의 무한한 정원이라 불렀다.

프리드리히 휠덜린Friedrich Hölderlin,《휘페리온Hyperion》

아도르노Adorno는 내가 슈베르트에게 품고 있는 정열에
대해 철학적인 설명을 해준다. 아도르노에 따르면 "슈베르
트의 음악 앞에서는 영혼에 먼저 물어보지도 않고 눈에서
눈물이 쏟아진다." 즉 우리는 **왜** 우는지도 모르는 채로 운
다. 슈베르트의 음악은 '행동주체'인 자아를 무장해제시킨
다. 자아를 뒤흔들어 생각이 들기도 전에 반사적으로 눈물
을 흘리게 한다.

눈물에 녹아서 자아는 제 우월함을 내려놓고 제가 자연에 속함을 느낀다. 울면서 땅으로 되돌아가는 것이다. 아도르노에게 땅은, 스스로를 절대적 위치로 올리는 주체의 대척점이다. 땅은 자아를 저 자신에 갇혀 있는 상태에서 해방시킨다.

자연이 생각에 개입하면 저만 내세우는 자아의 고집을 느슨하게 만든다. "눈물이 흐르고, 대지가 다시 나를 차지한다." 그 안에서 자아는 정신적으로, 저 자신에 갇혀 있는 상태에서 벗어난다.

세상의 디지털화란 완벽한 인간화 및 주체화라는 것과 같은 뜻으로, 땅을 완전히 사라지게 만든다. 우리는 우리 자신의 망막으로 온 땅을 뒤덮는다. 그를 통해 우리는 **타자**에 대해 눈멀게 된다.

인간이 [자신의] 주관적 정신과 다른 것을 확정적인 네트워크로 촘촘히 덮어버릴수록, 인간은 타자에 대한 놀라움을 더욱 근본적으로 잃어버리고, 점점 커지는 친숙함으로 자신을 속여 낯선 것을 없앤다.

'디지털'은 프랑스 말로는 뉘메리크numérique이다. 즉, 숫자로 된 것이라는 뜻인데, 이것은 신비로움을 없애고, 시 詩를 없애고, 세상을 낭만적이지 않게 만든다. 세상에서 온 갖 비밀, 온갖 낯섦을 없애고, 모든 것을 알려진 것, 진부한 것, 친숙한 것, 내 마음에 드는 것, 동일한 것으로 만들어버 린다. 모든 것은 **동일하게** 비교할 수 있게 된다. 세상의 디 지털화에 직면하여 세상을 다시 낭만화하고, 땅을, 땅의 시 를 다시 찾아내고, 땅에 신비로움, 아름다움, 고귀함의 품격 을 되찾아주어야 할 것이다.

난생처음 나는 땅을 팠다. 삽으로 땅속 깊이 파 내려갔다. 그렇게 해서 드러난 잿빛의 모래 섞인 흙이 내겐 낯설다 못 해 거의 으스스했다. 그 신비로운 무게에 놀랐다. 땅을 파면 서 주변의 어떤 식물, 어떤 나무에도 속하지 않은 많은 뿌 리들을 보았다. 그러니까 저 아래에는 지금까지 내가 몰랐 던 신비로운 **생명**이 있었던 것이다.

베를린의 토양은 매우 특수하다. 빙하시대에 모래가 퇴적 되어 생겨난 땅이다. 이런 땅을 독일 북부 연해지Geestrück-en 또는 모래불모지라 부른다. 이는 '메마른' 또는 '불모의' 라는 뜻을 가진 저지 도이치 낱말 '게스트gest'에서 나온 개 념이다.

베를린은 마지막 빙하시대, 이른바 바익셀Weichsel 빙하
시대의 끝 무렵인, 약 1만 8천 년 전에 생성된 '태고 강 골
짜기Urstromtal'에 자리 잡고 있다. 이 골짜기는 물이 빠져나
간 긴 구덩이로서, 프랑크푸르트-빙하경계층위 시대에 내
륙빙하 녹은 물이 통과한 곳이다. 이 골짜기는 훨씬 남쪽에
위치한 '바루트Baruth 태고 강 골짜기'와 함께 바익셀 빙하
시대의 브란덴부르크 단계에 형성된 것으로, 북해로 나가
는 물길을 이루었다. 지구의 역사를 조금 더 자세히 살펴보
면, 오늘날 유감스럽게도 총체적 착취에 내맡겨진 땅에 대
해 깊은 경외심을 품게 된다. 땅은 제대로 손상을 입는 중
이다. 우리는 땅에, 그 아름다움과 낯설음에, 그 유일무이함
에 경탄하는 법을 다시 배워야 한다. 정원에서 나는 땅이
마법, 수수께끼, 신비임을 경험한다. 땅을 그냥 착취 대상의
자원으로만 대한다면 그것으로 이미 땅을 파괴한 것이다.

베를린 쇠네베르크의 성 마테우스 묘지St.-Matthäus-Kirch-
hof는 나직한 언덕에 자리 잡고 있다. 이 묘지로 연결되는
그로스괴르셴 거리Großgörschenstraße는 거기서 살짝 오르
막이 된다. 빙하 녹은 물이 경사를 만들어낸 자리다. 묘지는
이 경사면 위에 자리 잡고 있다. 그곳에는 그림 형제, 그리
고 헤겔의 아들인 임마누엘 헤겔이 묻혀 있다. 언덕 꼭대기

는 쇠네베르크에서 해발이 가장 높은 곳이다. 선사시대에 빙하 녹은 물은 약간 급경사를 이룬 이웃한 랑엔샤이트 거리Langenscheidtstraße로 넘어갔다.

나는 자주 놀라워하며 땅[흙, 지구]을 만지고 쓰다듬는다. 땅에서 나오는 모든 싹은 진짜 기적이다. 차갑고 어두운 우주 한가운데 지구와 같은 생명의 장소가 있다는 사실이 믿기 어렵다. 보통은 생명이 없는 우주에서 우리는 작지만 꽃이 피어나는 행성에 산다는 것, 우리가 행성의 존재라는 것을 늘 의식해야 한다. **행성 의식**이 꼭 필요하다. 오늘날 지구가 이토록 잔혹하게 착취되는 것은 탄식할 만한 일이다. 지구는 거의 피를 흘리며 죽는다. 이른바 귀한 땅을 얻으려고 마약에 취한 어린이 병사들이 피투성이 전투를 벌인다. 오늘날 우리는 땅에 대한 섬세한 감성을 모두 잃어버렸다. 땅이 무엇인지 더는 알지 못한다. 고작해야 이나마 유지해야 할 자원으로만 여긴다. 땅을 **보호한다**는 것은 땅에 그 본질을 되돌려준다는 뜻이다. 하이데거는 땅의 구원에 대해 다음과 같이 쓰고 있다.

죽어야 할 존재인 인간은, 땅을 구원함으로써 산다. 구원한다는 것은 레싱Lessing이 알았던 그대로의 옛날 뜻으로 하는 말이다. 구원이란 위험에서 구해낸다는 뜻만이 아니다. 무언가를 풀어주어 본래의 본질로 되돌린다는 뜻이다. 땅을 구원한다는 것은 땅을 이용한다거나 땅을 위해 애쓴다는 것 이상의 의미다. 땅의 구원은 땅을 지배하지 않고, 땅을 예속하지 않는 일이다. 지배와 예속에서 한 발짝만 더 나가면 바로 무제한 착취다. 죽어야 할 인간은 하늘을 하늘로 맞아들이는 한에만 지구에 산다. 태양과 달과 별들이 각기 제 길을 가도록 그대로 두고, 계절들이 각각의 축복과 재앙을 주도록 해야 한다. 밤을 낮으로 만들고 낮을 헐레벌떡 쫓기는 불안으로 만들지 않는 일이다.

정원에서 일하게 된 뒤로 나는 전에 몰랐던, 강하게 몸으로 느끼는 특이한 느낌을 지니게 되었다. **땅의 느낌**이라고 할 만한 이것이 나를 행복하게 한다. 어쩌면 땅이란 오늘날 우리에게서 점점 멀어져가는 행복과 동의어인지 모른다. 그렇다면 **땅으로 돌아가기**란 **행복으로 돌아가기**가 된다. 땅은 행복의 원천이다. 오늘날 우리는 주로 세계의 디지털화라는 행진을 하면서 땅을 떠났다. 생명을 살리고 행복하게 하는 땅의 힘을 우리는 더는 느끼지 못한다. 그 힘은 모니터 크기로 줄어들고 만다. 노발리스에게 땅은 지복과 구원의 장소다. 그의 소설 《하인리히 폰 오프터딩엔Heinrich von Ofterdingen》에서는 늙은 광부 한 사람이 아름다운 '땅의 노래'를 부른다.

> 땅의 깊이를 측정하고
> 땅의 품 안에서
> 모든 노고를 잊는
> 사람이 땅의 주인,
>
> 그는 땅과 결합되어
> 내적으로 친하니
> 땅이 마치 신부新婦인 양
> 땅에 열광하네.

Ranunculaceae

Hepatica nobilis

노루귀 (미나리아재빗과)

세계의
낭만화

노발리스는 낭만주의를 다음과 같이 정의한다.

평범한 것에 높은 의미를, 일상의 것에 신비로운 겉모습
을, 잘 아는 것에 모르는 것의 품위를, 유한한 것에 무한한
모습을 주어서 나는 그것을 낭만화한다.

겨울정원은 낭만적인 장소다. 겨울 한가운데 꽃피어나
는 생명의 온갖 징후는 신비롭고 마법적인 것, 동화 같은
것이다. 꽃피는 겨울정원은 **무한함의 낭만적 겉모습**을 유
지한다.

'푸른 꽃Blaue Blume'은 낭만파의 핵심 상징이다. 이 꽃

은 사랑과 그리움을 나타내고, 무한함을 향한 형이상학적 소망을 구현한다. 노발리스의 《하인리히 폰 오프터딩엔》에는 주인공이 푸른 꽃을 보는 꿈 장면이 나온다.

일종의 달콤한 꿈이 그를 덮쳤다. 꿈속에서 그는 이루 형용할 수 없는 일들을 꿈꾸었거니와, 또 다른 깨달음이 그를 꿈에서 깨웠다. 그는 공중으로 솟구쳐 올라 스러지는 것처럼 보이는 샘물가 부드러운 풀밭에 있었다. 푸른 광맥을 드러낸 검푸른 암벽들이 조금 떨어진 곳에 솟아 있었다. 그를 둘러싼 일광은 보통 때보다 더 밝고 온화했으며, 하늘은 검푸른 색으로 완전히 맑았다. 하지만 온 힘으로 그의 마음을 끄는 것은 샘물 바로 곁에 서서, 반짝이는 넓은 잎으로 자신을 건드리는 키 큰 연푸른 꽃이었다. 이 꽃 주변으로 온갖 색깔의 수많은 꽃들이 서서 좋은 향기가 대기를 가득 채웠다. 그는 다른 것 말고 오로지 푸른 꽃만을 바라보면서 이루 말할 수 없는 애정으로 오랫동안 꽃을 관찰했다. 마침내 그가 꽃에 더 가까이 다가가려 하자 갑자기 꽃이 움직이면서 변하기 시작했다. 잎들은 전보다 더욱 빛나며, 계속 자라는 줄기에 기대는데, 꽃이 그에게로 고개를 숙여, 꽃잎들은 활짝 열린 푸른색 꽃바다을 보여주었다. 그 안에 사랑스런 얼굴 하나가 둥실 떠 있었다.

　푸른 꽃이 가득한 정원이라면 매우 낭만적일 것 같다. [허브의 일종인] 헬리오트로프Heliotropium arborescens가 현실에서 이 푸른 꽃의 모델이었다고 한다. 이 꽃은 동지나 하지를 뜻하는 '존넨벤데Sonnenwende'라고도 불리며 살짝 바닐라 향기가 난다. 그래서 바닐라 꽃이라고도 불린다. 노발리스의 이 낭만적인 꽃이 나의 정원에서 역시 푸른 색깔인 수레국화와 아마 사이에 서 있다.

　아이헨도르프Eichendorff는 〈푸른 꽃〉이라는 시를 썼다. 낭만파에서 푸른 꽃 모티프는 영원한 동경의 상징, 행복을 찾아 헤매기의 상징이다.

　　푸른 꽃을 찾는다,

　　찾아보지만 결코 찾지 못해.

　　나는 꿈꾼다, 이 꽃 속에

　　내 좋은 행운 피어나리라.

　　하프를 들고 여러 나라들,

　　도시들, 목초지들을 떠돈다,

그 어디서도
푸른 꽃을 보지 못하려나.

오래전부터 헤매고
오래 희망하고 믿었으나
아, 그 어디서도 나
그 푸른 꽃을 보지 못했네.

괴테의 색채론에 따르면 푸른색은 노랑과는 반대로 어느
정도 검정을 포함한다. 푸른색은 눈에 '특별하고 거의 표현
하기 힘든 작용'을 한다. '가장 순수한 푸른색은 자극하는
무無'다. '자극하는 무無'라니 경이로운 표현이다. 낭만파 자
체가 자극하는 무다. 푸른색은 '바라보면 자극과 평화라는
모순의 요소'를 지닌다. 푸른색은 무엇보다도 먼 곳의 색깔.
그래서 나는 낭만파의 이 색깔을 사랑한다. 그것은 동경을
일깨운다.

우리가 높은 하늘, 먼 산을 푸른색으로 보듯이, 푸른 표면
도 우리 앞에서 뒤로 물러나는 것처럼 보인다. 우리를 피
해 멀어지는 편안한 물체를 기꺼이 따라가듯이 우리는 푸

른색을 기꺼이 바라본다. 그것이 우리에게 덤벼들지 않고 우리를 저 자신에게로 끌어당기기 때문이다.

푸른색은 유혹과 욕망과 동경의 색깔이다. 그것은 노랑과 대립된다. 나는 원래는 노랑을 좋아하지 않는다. 노랑은 '빛에 가장 가까운 색깔'이기에. 나는 밤의 인간. 날카로운 빛을 피한다. 밤의 어둠속에서 편안함을 느낀다. 그래서 오전 내내 늦잠자기 일쑤다. 나는 태양빛보다는 밝은 그림자를 더 좋아한다. 노랑은 내게는 너무 밝고 스스럼없다. 그것이 내가 좋아하는 색깔은 아니지만, 나는 정원의 많은 공간을 노란색에 내준다. 많은 겨울꽃들이 겨울바람꽃이나 영춘화처럼 노란색으로 피어나기 때문이다. 다른 어떤 색깔도 노랑처럼 겨울철에 많은 빛을 발하지 못한다. 그래서 이것은 희망의 색깔이기도 하다.

Rosacceae

Prunus subhirtella

가을벚나무 (장미과)

가을벚나무

땅은 호수 안에다
노란 배梨들을 매달고도,
야생장미로 가득한데,
너희 사랑스런 백조들은
키스에 취해 있네,
너희는 말갛게 깨어 있는
물속에 머리를 박고 취했구나.

나는 슬퍼라, 겨울이 되면 나는
어디서 꽃들을 얻으며 어디서
햇빛을,

그리고 땅의 그림자를 얻나?

담장들은 말없이 차갑게

서 있고, 바람에

깃발들 펄럭이는데.

　　　　　　　프리드리히 횔덜린,《휘페리온》

괴테의《젊은 베르테르의 슬픔》에는 겨울에 애인에게 줄 꽃을 찾아 헤매는 광인 한 명이 나온다.

　비참한 사람! 그러면서도 나는 너의 우수가, 네가 갈망하며 빠져들던 감각의 착란이 얼마나 부러운지! 너는—한겨울에—네 여왕에게 꽃을 꺾어다주려고 희망에 차서 나갔다가 꽃을 찾지 못해 슬퍼하면서도, 네가 어째서 한 송이 꽃도 찾아내지 못했는지를 이해 못하지.

겨울의 꽃이란 꿈과 착각일 뿐이라고 흔히들 생각할지도 모른다. 하지만 겨울에 꽃을 보기 위해 꼭 꿈쟁이가 되어야 하는 것은 아니다. 실제로 겨울에 꽃피기를 좋아하는 식물들이 꽤나 많으니 말이다. 심지어 일부 겨울꽃들은 얼음서리에도 저항한다. 눈 속에서도 피는 수많은 겨울꽃들이 있다. 매우 위안을 주는 일이다.

여름에 시작한 나의 정원 일은 처음부터 겨울철에도 꽃을 피우려는 것이었다. 나는 그런 생각에 사로잡혀 도취했다. 내 정원에 겨울꽃들을 모두 모아야지, 하는 게 내 야망이었다. 겨울꽃들을 서술하기 전에 데이지 꽃 이야기를 하고 싶다. 잔디밭에서 데이지 꽃들이 피기 시작했을 때 나는 그들을 보고 무척 기뻤다. 이 꽃들은 매우 소박하고 눈에 띄지 않으니 그것이 아름다웠다. 하지만 머지않아 데이지가 잔디를 밀어내며 번성한다는 사실을 알았다. 그래서 데이지를 잡초로 규정하고 온갖 수단을 동원해 잔디밭에서 없애려고 애썼다. 심지어 잡초를 제거하는 약품까지 동원했다. 하지만 이제 겨울이 되자 다시 그 꽃을 사랑하게 되었고, 내가 한 못된 짓들을 사과했다. 데이지는 겨울에도 꿋꿋이 피어났으니 말이다. 생명을 파괴하는 추위마저 견딘다. 아름다운 학명學名 벨리스 페렌니스Bellis perennis는 아마도 이렇게 긴 개화기간 덕분에 얻은 것 같다. '지속적인 아름다움'이라는 뜻. 이는 아마도 형이상학적 열망을 지닌 꽃, 진짜 플라톤 꽃이라 할 만하다. 몇몇 데이지는 한겨울 서리 속에도 굳건히 계속 피어난다. 다음 봄과 여름에는 데이지를 그렇게 적대적으로 대하지 않고 잔디밭에 자리를 허락해야지, 데이지가 두려움 없이 겨울에 맞서도록. 나의 정원에서 지속적인 아름다움이 느껴져야 한다. 어차피 잡초는 사라지지 않는다. 그렇다면 벨리스 페렌니스는 불멸의 초상이다.

첫 서리가 내리고 나서 정원이 절망적인 꼴이 되었을 때 나는 영춘화Jasminum nudiflorum를 보고 기쁨으로 놀랐다. 겨울 추위 한가운데서 빛나는 노란 꽃이 피었다. 그 진초록 가지도 겨울정원에 봄의 분위기를 준다. 영춘화는 개나리를 닮았다. 다만 꽃잎이 넉 장인 개나리와는 달리 영춘화는 꽃잎이 다섯 장 또는 여섯 장이다. 영춘화는 진짜 기적이다. 겨울 한가운데서 이 꽃은 봄을 불러오는 마법을 행한다. 천천히 꽃잎들이 펼쳐지는 것이 영춘화의 매력이다. 내게는 그냥 희망의 꽃. 이 나무는 나의 겨울정원에 더 오래도록 꽃을 피워주었다.

영춘화는 1844년에야 중국에서 유럽으로 넘어왔다. 괴테의 《젊은 베르테르의 슬픔》은 1774년에 발표되었다. 그래서 소설에 나오는 미친 사내가 빛나는 노란 겨울꽃을 찾아낼 수가 없었던 것이다. 나라면 그가 애인을 행복하게 해주도록, 꽃이 핀 영춘화 가지를 기꺼이 선물해주었을 테지만.

가을벚나무Prunus subhirtella autumnalis는 특별한 겨울

꽃이다. 일종의 벚나무지만 봄철보다는 겨울에 꽃핀다. 그래서 눈벚나무라고도 불린다. 12월이면 벌써 꽃이 핀다. 나의 벚꽃축제는 한겨울에 시작된다.

1월 초에는 두려워하던 얼음서리가 내렸다. 기온이 영하 10도 아래로 떨어져 2주 이상 계속되었다. 눈도 많이 왔다. 기대와는 달리 영춘화는 얼음서리를 견디지 못했다. 그 빛나는 노란 꽃들이 쑥 들어가버렸다. 겨울이 푸근했던 탓에 매우 일찍 꽃핀 가을벚나무와 겨울에 피는 올분꽃나무Viburnum는 얼음서리를 이기지 못했다. 꽃들이 갈색으로 문드러져버렸다. 눈과 얼음서리에도 용감하게 형태와 색깔을 유지한 것은 결국 겨울바람꽃, 갈란투스, 에리카Erica carnea, 풍년화[위치하젤] 등이었다. 이들 덕분에 나의 겨울정원에 단 하루도 꽃이 피지 않은 날이 없었다. 가장 깊은 겨울에도 내 정원은 꽃을 피웠으니.

Ranunculaceae

Eranthis hyemalis

겨울바람꽃 (미나리아재빗과)

겨울바람꽃과
풍년화

겨울도 향내를 풍길 수 있다. 겨울은 향기 없는 황량함이
아니다. 원예술은 겨울 향기를 다음과 같이 나눈다.

정원에서: 갈란투스, 겨울바람꽃, 가막살나무, 풍년화
들판과 자연에서: 눈, 관목 덤불
농가에서: 발효된 가축사료, 건초, 암소, 말, 도살축제

나는 동물냄새와 고기를 특별히 좋아하지 않으므로 내게
겨울 향기로는 식물의 향기와 눈 정도가 거론될 수 있다.
하지만 눈이 무슨 향기가 있느냐고? 설사 내가 눈멀고 귀먹
었다 해도 나는 겨울날 이른 아침에 지난 밤 많은 눈이 내

린 것을 즉시 알아챌 것이다. 눈의 향기는 시간의 향기, 깨어나는 아침의 향기처럼 있을 법하지도 않고 너무 얌전해서 오직 극소수의 사람들만 맡을 수 있는 걸까?

겨울바람꽃, 갈란투스, 풍년화보다 훨씬 더 많은 겨울 향기가 있다. 겨울구슬댕댕이Lonicera fragrantissima[괴불나무]는 레몬처럼 향기롭다. 그에 반해 납매Chimonanthus prae-cox는 사향 냄새를 풍긴다. **겨울바람꽃**Winterling은 매우 예쁜 이름이다. 라틴어로는 에란티스 히에말리스Eranthis hie-malis. 이 식물은 16세기에 벌써 독일로 왔다. 식물학자 요아힘 카메라리우스Joachim Camerarius가 이것을 이탈리아에서 독일로 가져다가 뉘른베르크에 있는 자신의 정원에서 재배했다. 겨울바람꽃은 눈 속에 꽃이 핀다. 히에말리스hie-malis란 겨울이라는 뜻. 에란티스Eranthis는 그리스 말로 봄이라는 에아르ear와 꽃을 뜻하는 안테anthe가 합쳐진 말이다. 겨울바람꽃은 2월에서 3월까지 핀다. 내 정원에서 이 꽃은 12월 말에 벌써 올라왔다. 매우 즐거운 모습이다. 거의 명랑하게 보이는 노란 꽃잎들이 옛날 귀족의 셔츠목장식 모양 초록 잎사귀 위에서 광채를 낸다. 따스한 겨울날이면 이 꽃은 꿀벌들을 유혹한다. 5월이면 벌써 잎사귀가 누렇게 된다. 6월에는 땅속으로 숨어들어 긴 여름잠을 잔다. 겨울바람꽃은 아름다운 별 모양 씨앗주머니를 갖는다. 이것조차 꽃 모양이다. 겨울바람꽃은 분명 여름을 꺼린다. 나는 이 꽃의 친척인 모양이다. 나도 더위보다 추위가 더 좋으니 말이다. 내가 꽃이라면 한겨울에 피어나고 싶다.

겨울바람꽃은 작은 알뿌리 상태로 구할 수 있다. 작은 돌멩이처럼 보인다. 나는 이 죽은 것에서 어떻게 생명이 깨어날 수 있을까, 하고 자문했다. 화훼 센터에서 봉지에 담아 판매한다. 나중에야 이렇게 바싹 마른 알뿌리는 절대로 싹을 틔우지 않는다는 것을 알았다. 그래서 알줄기를 파는 상인에게서 싱싱한 뿌리를 구했다. 이것은 전혀 다른 모습으로 하얀 눈이 비죽이 보인다. 겨울바람꽃을 전문으로 하는 또 다른 상인은 아예 작은 화분에 담아서 팔았다. 독일에서는 오로지 노란 꽃이 피는 남유럽 겨울바람꽃만 알려져 있다. 터키에서 들어온 에란티스 칠리치카Eranthis cilicica는 본질적으로 이것과 다르지 않다. 다만 에란티스 히에말리스보다 조금 더 늦게 피어날 뿐이다. 그 밖에도 여러 종류의 겨울바람꽃이 있다. 에란티스 레이디 라모르타뉴Eranthis Lady Lamortagne는 겹꽃잎. 에란티스 슐리터스 트리움프 Eranthis Schlyters Triumph는 오렌지 색조가 들어간 노란 꽃이다. 에란티스 핀나티피다Eranthis pinnatifida는 일본산産

으로 흰 꽃이다. 역시 흰 꽃인 북한산産 에란티스 스텔라타 Eranthis stellata도 놀랍도록 아름답다. 포츠담 근처에 사는 어떤 겨울꽃 전문가에게 흰 꽃을 피우는 겨울바람꽃도 아느냐고 물었다. 그는 안다고 했다. 자기도 그것을 재배해보려 했지만 독일의 기후조건이 너무 달라서 실패했단다. 극동의 겨울은 매우 건조하다. 흰 꽃을 내는 겨울바람꽃은 베를린 겨울의 습한 추위를 견디지 못한다. 알줄기를 파는 알프레히트 호흐Albrecht Hoch 베를린 지점은 1893년에 문을 열었는데, 올해는 하얀 꽃이 피는 일본산 겨울바람꽃을 내놓았다. 나는 곧바로 몇 덩이 주문했다. 다가오는 겨울 따뜻한 날에 그들이 피어나기를 바라면서.

많은 겨울꽃 식물들은 비슷한 특성을 갖는다. 거의 모든 겨울꽃들이 독성이 있다. 겨울바람꽃만이 아니라 크로커스 종류들, 크리스마스로즈Helleborus niger, 갈란투스도 그렇다. 무엇보다도 크리스마스로즈의 성격이 내 마음에 든다. 크리스마스로즈는 나처럼 여행을 좋아하지 않는다. 이 꽃은 저 있는 곳에 그대로 내버려두어야 한다. 옮겨 심는 것은 독이 된다. 꽃은 방해를 받고 싶지 않다.

갈란투스는 겨울바람꽃, 풍년화와 나란히 진짜 겨울꽃이다. 이 꽃은 눈과 영하의 추운 날씨를 끄떡없이 견딘다. 갈란투스는 종류가 여럿이다. 그중 일부는 정말 매혹하는 모습이다. 나의 정원에는 오렌지색 줄무늬가 들어간 갈란투스 한 그루가 있다. 갈란투스 꽃은 생각에 잠겨 고개를 숙이고 한겨울에 꿈을 꾼다.

갈란투스는 '어여쁜 2월 소녀Hübsches Februar-Mädchen'라는 이름으로도 불린다. 고개를 숙이고 있으니 수줍은 모습이다. 갈란투스는 봄을 알리지 않는다. 이들은 오히려 겨울 한복판에 깨어난 생명이다. 겨울바람꽃보다 훨씬 더 숭고하다. 눈과 서리 속에서도 모습과 색깔을 그대로 유지하니 인상적이다.

풍년화는 특별히 주목을 끌 만하다. 이것은 진짜 겨울꽃이다. 워낙 겨울과 영하의 온도에 맞추어진 꽃이니 그렇다. 이름에서 짐작할 수 있듯이[Zaubernuss, 마법호두] 이 관목은 마법의 요소를 지닌다. 스스로 마법에 걸린 듯이 행동한다. 12월부터 벌써 꽃이 핀다. 가을에 나는 정원에 풍년화 두 그루를 심었다. 이들은 붉은 꽃을 피운다. 나중에 노란 꽃 풍년화 한 그루를 더 들였다. 이것은 황홀한 향기를 풍긴다. 이 나라에서 구한 풍년화는 일본산 풍년화와 중국산 풍년화를 교배한 것이다. 많은 겨울꽃 관목들이 극동 출신이라는 게 흥미롭다. 형이상학적 열망이란 아시아 사람들에게는 낯선 것이다. 그렇다면 생명과 거리가 먼 계절에 어째서 그들은 꽃을 피울까?

풍년화 꽃은 매우 독특한 모습으로 거의 익살스럽기까지 하다. 여러 개의 곱슬한 실을 매달아놓은 모습. 온도가 영하로 떨어지면 이 실들이 안으로 말린다. 따뜻해지면 실이 도로 풀린다. 풍년화의 학명은 하마멜리스Hamamelis다. 하마Hama는 함께라는 뜻이고 멜론melon은 열매를 맺는다는 뜻이다. 한 꼬투리 안에 열매 두 개가 여물기에 그런 이름이 붙었다. 그래서 이것은 사랑하는 한 쌍을 나타낸다. 생명에 적대적인 계절에 이들이 꽃을 피울 수 있는 것은 아마도 사랑 덕이리라. 그래서 풍년화는 정절의 꽃이다.

전설과 신화가 수많은 식물을 휘감고 있다. 예를 들어 인간 모양의 뿌리를 가진 만드라고라는 마법의 힘을 가졌다고 여겨진다. 민간 신앙에 따르면 뿌리를 캘 때 귀를 마비시키는 소음을 내서 죽음으로 이끌어간다고 한다. 이 식물은 매우 민감하다. 나는 정원에 여러 그루의 만드라고라를 심었다. 하지만 이들은 자라지 않고 모조리 시들었다. 나의 정원은 **고요함**을 사랑하는 게 분명하다.

설앵초雪櫻草 이야기를 빠뜨리면 안 되겠지. 겨울바람꽃과 복수초를 구한 정원사에게서 이것도 구했다. 설앵초에

관한 한 그는 진짜 마스터로서, 이 식물에 대한 두툼한 백과사전을 썼다. 설앵초는 내 정원에서 가장 아름다운 꽃의 하나다. 한겨울에 드물지 않게 빛나는 푸른 꽃을 내놓는다. 내게는 그야말로 **푸른 꽃**이다. 이 식물은 쉽게 망가지고 어찌된 일인지 잘 사라진다. 나는 그 고귀한 허약함을 사랑한다. 간肝 모양의 가냘픈 꽃 몇 송이를 피울 뿐이다.

Hamamelidaceae

Hamamelis

풍년화 (조록나뭇과)

미선나무

내 특별한 사랑은 미선나무Abeliophyllum distichum를 향한다. 내 고향 한국에서 온 것. 이 나무는 엔데미트Endemit, 곧 공간적으로 분명하게 제한된 영역에만 나타난다. 남한 중부의 일곱 군데 군락지에서만 번성한다. 물론 나는 이 나무를 베를린의 수목원에서 보았다. 꽃은 눈처럼 하얗고 섬세한 아몬드 향기를 풍긴다.

한국어로 이것은 미선나무. 한국에서 미선나무 군락지는 일종의 천연기념물로 보호를 받는다. '나무Namu'란 한국어로 '나무Baum', '미선'은 한국의 전통부채를 가리킨다. 꽃이 부채 모양이어서 미선나무라는 이름이 되었다. 아름다운 이름. 내게 아들이 있다면 이름을 '나무'라고 지을 것이다.

딸이 있다면 이름을 '미선' 또는 '나비'라고 지을 것이다.

> 나비: 어째서 무언가가 거기 있고 무無는 없지? 나무
> 며…… 나비며…… 말이야.
> 나무: 나무가 외로움을 타지 말라고 나비가 있지.
> 나비: 그럼 나무는?
> 나무: ……나비가 날다가 쉬라고.

물론 깊은 겨울에 풍성한 여름 꽃들의 화려함을 기대할 수는 없다. 겨울은 그냥 섬세하고 사랑스럽고 부서지기 쉬운 형태들만을 만들어낸다. 헨리 데이비드 소로Henry David Thoreau는 《월든Walden》에서 이렇게 말한다.

> 겨울이 내놓는 많은 현상들은 이루 말할 수 없이 사랑스 럽고 부서지기 쉽고 섬세하다.

모든 겨울꽃들은 어딘지 매우 부서지기 쉽고 섬세하고 사랑스럽다. 뒤로 물러난 그 자태가 극히 고귀한 인상을 풍긴다. 그래서 나는 그들을 사랑한다. 혹독한 얼음서리가 지나가면 나의 겨울정원은 마법처럼 한겨울에 작은 봄을 불

러온다. 2016년 2월 초에는 겨울바람꽃이 활짝 피었다. 정말 아름다웠다. 그리고 사방에 갈란투스. 갈란투스[갈란투스를 가리키는 도이치어 'Schneeglöckchen'은 '작은 눈종雪鐘'이라는 뜻]는 고개를 숙이고 있으니 슬퍼 보였다. 그러니 '애도 종 Trauerglöckchen'이라 불러도 되리라. 이 꽃은 무엇보다 눈 속에서 매혹적이다. 겨울 추위를 사랑하는 듯하다. 풍년화도 계속 듬직하게 피어난다. 풍년화는 마법을 부려 겨울을 밀어낸다.

데이지도 겨울을 무시한다. 계속 피어나서 제 이름 '벨리스 페렌니스'에 제대로 명예를 돌린다. 에리카는 마치 겨울 따위 아무것도 아니라는 듯이 2월 초에도 끄떡없이 계속 꽃 핀다. '이른봄 알프스 들장미Vorfrühlingsalpenrose'[진달래 종류]도 언급할 만하다. 2월 초면 이들의 붉고 아름다운 꽃이 피어난다.

아네모네

겨울의 한복판 추운 2월 어느 날, 작은 푸른 꽃 한 송이를 보고 나는 깜짝 놀랐다. 아직 겨울철인 꽃밭에서 살그머니 빛나는 푸른색을 보았다. 그것은 일찍 피어난 아네모네, 아네모네 블란다Anemone blanda였다. 이 꽃은 심지어는 크로커스보다도 더 일찍 핀다. 이때껏 내 정원에는 가을 아네모네만 있었기에 나는 그렇게 놀랐다. 일찍 피는 아네모네는 그 모습 때문에 광채아네모네라 불린다. 실제로 이 꽃은 겨울 추위 속에서 푸른 보라색 광채를 낸다. 땅을 덮은 얼음을 최초의 태양광선이 녹이자마자 이 꽃이 모습을 드러낸다. 광채아네모네는 내게는 겨울바람꽃, 갈란투스와 함께 분명한 겨울꽃이다.

이제야 고트프리트 벤Gottfried Benn의 시 〈아네모네〉가
이해된다.

　　뒤흔들어놓는 너―아네모네
　　땅은 차가워 지금 아무것도 아닌데,
　　그때 너의 왕관은
　　믿음의 낱말, 빛의 낱말을 중얼댄다.

　　권력만이 잘되는
　　인정머리 없는 땅에다
　　너 조용한 꽃은
　　말없이 씨를 뿌렸지.

　　뒤흔들어놓는 너―아네모네
　　너는 절정의 여름이
　　큰 꽃들을 엮어 만들어낸
　　믿음을, 빛을 지니고 있네.

　내가 게르만학[독문학]을 부전공으로 공부하던 시절 처음
으로 이 시를 읽었을 때는 아네모네가 어떻게 생겼는지도

몰랐다. 그런데도 이 시는 생각해볼 만한 그 격정 때문에 내 마음에 들었다. 머지않아 도이치 시에 꽃들이 자주 등장한다는 사실을 알게 되었기에 나는 순전한 필요성에서 꽃 백과사전을 사서 어떤 시에서든 모르는 꽃을 만나면 즉시 펼쳐보곤 했다. 하다못해 그 모습만이라도 알고 싶었기 때문이다.

위에서 말한 2월 어느 날, 땅은 정말로 아직 차가웠다. 그때 작은 푸른 꽃이 땅에서 솟아올랐다. 그것은 정말로 뒤흔들어놓는 존재였다. 푸른 아네모네가 믿음의 말, 빛의 말이 되어 겨울의 무無에 맞서 일어선 것이다. 그토록 섬약해 보이는데도 이 꽃은 영웅적인 면모를 지니고 있다. 고트프리트 벤과는 달리 나는 땅에서 인정머리를 모조리 빼앗고 싶지는 않다. 땅은 인정이 있을 뿐만 아니라 너그럽고 손님을 반갑게 맞아준다. 심지어는 한겨울에도 땅은 장엄하게 피어나는 생명을 내보내준다.

동백

나의 정원에는 동백 몇 그루가 서 있다. 이 또한 겨울 꽃나
무다. 겨울 날씨가 온화하면 2월 중순에 꽃이 핀다. 지난해
겨울은 몹시 추웠다. 이따금 영하 15도 아래로 떨어졌다. 나
는 동백을 플리스 천으로 감싸주었다. 그런데도 거의 얼어
죽다시피 했다. 이들은 베를린 기후에 맞지 않는 것이다. 그
런데도 꽃봉오리는 살아 있었다. 그러다 늦은 봄에야 동백
꽃이 피었다. 그럴수록 하얀 꽃들이 더욱 아름다웠다. 치명
적인 겨울을 이기고 살아남은 것이니. 이 꽃들이 나를 행복
하게 했다. 꽃 피어남은 도취함이다. 올해도 다시 동백들을
따뜻한 천으로 감쌌다. 나는 이들을 보호한다. 동백나무는
내 특별한 보호를 받는 존재이다.

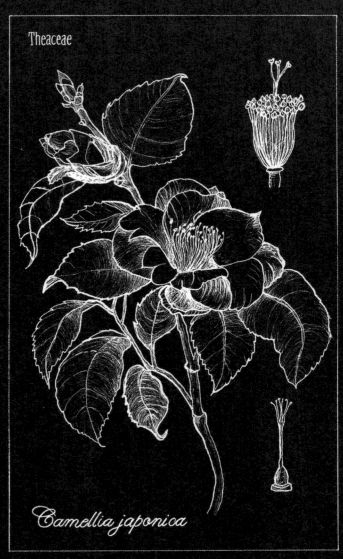

Theaceae

Camellia japonica

동백 (차나뭇과)

남한의 남동쪽에 자리 잡은 부산은 동아시아에서 가장 유명한 영화제를 개최하는 도시인데, 그곳에는 동백섬이라 불리는 섬이 있다. 영화제는 이 섬에서 멀지 않은 곳에서 열린다. 나는 이 섬을 즐겨 찾았다. 섬은 온통 동백나무투성이. 부산의 기후는 매우 온화하다. 그래서 한겨울에 바닷가에서 동백이 화려하게 피어난다.

버들강아지

오, 천상의 예감, 그 예감을 지니고 나는 다가오는 봄을 다시 환영했노라! 모든 것이 잠들면, 내 애인이 뜯는 현악기 소리가 말없는 대기 멀리서 오듯이, 봄의 나직한 멜로디가 엘리시움[미래향]에서 온 것처럼 내 마음을 감싸고 울렸네. 나는 죽은 나뭇가지들이 움직이고 부드러운 바람이 내 뺨을 어루만지는, 봄의 미래를 들었다.

프리드리히 휠덜린,《휘페리온》

봄은 내게 맨 먼저 음향으로 예고된다. 2월이면 비둘기 구구 하는 소리가 갑자기 다른 음색을 띤다. 그러니까 나는 다가오는 봄을 맨 먼저 소리로 **듣는다**. 올해도 그랬다. 봄은

소리와 더불어 시작되었다.

어쨌든 봄이 왔다. 믿을 수 없다. 겨울 한복판에 봄은 내게는 **시간 저편**, **가능성 저편**에 있었다. 봄은 먼 미래로 물러나 있었다. 겨울정원에서 일하는 동안 내게 봄은 **불가능하게** 여겨졌다. 겨울이 꽃피지 않는 계절이라면 올해 내겐 겨울이 없었다. 내 정원에는 언제나, 심지어 얼음서리 한가운데서도 꽃 한 송이, 피어나는 생명 하나라도 있었다. 내 겨울정원은 겨울을 봄으로 바꾸었다. 그래서 진짜 봄은 다른 봄, 두 번째의 늦은 봄, **늦깎이**였다.

2016년 3월 28일이 처음으로 따스한 봄날이었다. 이날—나는 잠을 별로 자지 않았는데—사방에서 솟아나오는 순들을 보고 거의 어지럼증을 느꼈다. 내게 자신을 맡긴 식물들에게서 진짜 열광이 느껴졌다. 동시에 그 열광은 수줍은 망설임과 뒤섞였다. 나는 새롭게 깨어난 생명에 약간 몽롱하게 도취되었다. 그러니 휘페리온을 매우 잘 이해할 수가 있다.

우린 지난 5월을 기억했다. 땅이 그런 모습을 전에 한 번도 본 적이 없었다고 우린 생각했지. 땅이 변해 있었다, 온갖 거친 재료들에서 해방되어, 꽃들의 은빛 구름, 즐거운 삶의 불꽃. 디오티마가 소리쳤다. "아! 모든 것이 즐거움과 희망으로 가득 차 있어, 다른 생각 없이 오로지 놀이에만 몰두한 아이처럼, 끝없는 성장으로 가득 차 있는데도, 아무런 수고도 없고 이렇듯 행복하고 평온하네요."

내가 외쳤다. "그걸 보면 자연의 혼을 알겠네요. 이런 고요한 불을 보면, 몹시 서두르는 중에도 이렇듯 망설이는 것을 보면."

완전히 죽은 것처럼 보이는 나뭇가지에서 봄이면 새로운 생명이 깨어난다. 죽은 등걸에서 다시 싱싱한 초록이 솟아난다. 이런 경이로운 기적이 어째서 인간에게는 거부되어 있을까, 하고 나는 자문한다. 인간은 늙어 죽는다. 봄도, 다시 깨어남도 없다. 그냥 시들어 썩는다. 인간은 이렇듯 슬픈, 참으로 참기 힘든 운명을 받았다. 그러니 나는 거듭 새로워지고, 다시 살아나고, 젊어지는 식물이 몹시 부럽다. 언제나 새로운 시작이 있다. 어째서 인간에게만은 그것이 거부되어 있는가?

휘페리온도 탄식한다.

모든 것이 늙었다가 다시 젊어진다. 어째서 우리는 자연의 경이로운 순환에서 빠져 있나? 아니면 그것은 우리에게도 타당한가?

우리에게도 자연의 이런 경이로운 순환이 타당한 것일까? 우리에게도 새로운 시작이 가능한가? 신비로운 회춘, 부활이 가능할까? 어째서 우리는 완전히 스러지기까지 삶으로 되돌아올 가능성이라곤 없이 점점 더 약해지고 끝없이 늙어가야만 하는 거지? 어째서?

크리스마스로즈는 그대로 놓아두기만 하면 거의 죽지 않는다. 이 꽃은 그 어떤 움직임도 여행도 좋아하지 않는다. 우리가 땅에서 떨어져나간 것의 쓰라린 대가가 어쩌면 죽음의 운명일지도 모른다. 우리가 멋대로 돌아다니고, 스스로 **서서** 독립한 것에 대한 대가 말이다. 그렇다면 자유는 죽음의 특성을 지닌 것이다.

봄의 열광은 버들강아지와 더불어 본격적으로 시작된다. 이때껏 나는 이것이 어떻게 변하는지 알지 못했다. 봄에 꽃가게에서 제공하는, 비로드처럼 매끄러운 느낌을 주는 봉오리인 줄로만 여겼다. 그것이 꽃봉오리라는 것을 알지 못했다. 버들강아지뿐만 아니라 모든 식물에 대해 나는 어쩐지 무심했다. 예전의 이런 무관심을 지금 나는 부끄러운 무분별, 심지어 죄라고 느낀다.

아주 따스한 봄날 내 정원의 버들강아지들이 동시에 터져 나왔다. 그들은 그야말로 폭발했다(더 나은 표현이 없으니). 모든 강아지들이 노란 꽃가루를 지닌 수없이 많은 작은 꽃들을 내놓은 것이다. 그렇게 그것은 빛나는 노란 꽃송이로 바뀌었다. 버들이 황홀경에 빠져든 것 같았다. 그것은 거대한 꿀벌 떼를 끌어들였다. 나는 이 꿀벌들이 어디서 왔을까 자문했다. 얼마 전만 해도 추운 겨울이었는데. 그들이 마치 무無에서 솟아난 것만 같았다. 꿀벌들은 이 꽃가루 바다에서 도취해 뒹굴었다. 버들은 순식간에 텅 비어버렸다. 일찍이 그런 것을 본 적이 없었다. 이 경이로운 자연현상에 나는 깜짝 놀랐다.

크로커스

봄이 다가오면 나는 슈만의 〈시인의 사랑Dichterliebe〉을 즐겨 부른다. 〈시인의 사랑〉 첫 노래보다 봄에 더 잘 어울리는 노래는 없을 것이다.

아름다운 5월
모든 봉오리 피어날 적에
내 마음도 열렸네.

따뜻한 5월에는 이 노래를 가장 즐겨 부른다. 5월은 내겐 이미 너무 여름이다. 어차피 '5월Mai'이란 낱말은 이탈리아의 성장의 신神 이름을 딴 것이다. '성장'이란 아름다운 날

말이 아니다. 우거진다는 뜻이 함께 울린다. 그런데 봄은 **수 줍고, 물러나 있다**.

여러 날이나 정원을 못 보면 나는 마치 애인을 그리듯 정원이 그립다. 그러니 봄은 내게 특별한 시간이다. 사랑이 피어난다. 봄이면 정원을 향한 사랑이 특별히 커진다.

아직 내 정원을 갖지 못했을 때 봄이면 자주 최초의 크로커스를 보려고 베를린 쇠네베르크에 있는 성 마테우스 묘지로 찾아가곤 했다. 이 꽃은 피어나는 순간을 그야말로 포착해야 한다. 겨울철이나 이른 봄 따뜻한 날이면 이 식물은 갑작스럽게 땅에서 솟아올라 봉오리를 연다. 이 꽃들은 나를 몹시 행복하게 해준다. 올해는 2월 말에 벌써 일찍 핀 크로커스 두 송이를 보았다. 거의 최초의 것들. 내 기쁨은 매우 컸다.

정원에 크로커스를 많이 심었다. 봄에 이들이 피어나면 정원은 동화의 분위기가 된다. 크로커스는 매우 듬직하게 피어나서 겨울에 봄을 알린다. 올해는 크로커스 임페라티 Crocus imperati를 심을 생각이다. **악마의 크로커스**라고도 불리는 이 식물은 추위를 이기는 데는 다른 모든 크로커스를 압도한다. 영하 15도에도 끄떡없다. 그야말로 겨울 크로커스다. 그러므로 이 식물은 내 겨울정원에서 **고요히 피어나는 황제**Imperator가 될 것이다.

Asparagaceae

Hosta plantaginea

옥잠화 (백합과)

옥잠화

정원을 넘겨받았을 때 뒤쪽 그늘진 곳에 옥잠화 두 그루가
있었다. 나는 처음에 이들에게 전혀 주의를 기울이지 않았
다. 특별히 아름답다 여기지도 않았고, 그 어떤 고귀함이나
아름다움도 보지 못했다. 내가 받은 첫인상은 그저 어딘지
튼실함, 거의 비천함의 요소를 지녔다는 것이었다. 풍성한
잎사귀에 비해 꽃은 별로 눈에 띄지도 않았다. 내 눈에는
그냥 무성한 초록으로만 보였을 뿐이다. 초록색의, 또는 누
런색이 섞인 그 커다란 잎사귀들은 거친, 거의 조잡하다는
인상을 주었다.

지금 나는 이런 첫 판단, 옥잠화에 대한 나의 첫 판결을
부끄럽게 여긴다. 그것은 잘못된, 틀린 생각이었다. 내 무지

탓이었다. 옥잠화의 아름다움에 대해 내가 눈이 멀어 있었던 것뿐이다. 이제 그런 판단을 기꺼이 철회한다. 그 사이 옥잠화를 정말로 사랑하게 되었거니와 여러 그루를 더 심었다. 내 정원에는 열 그루 옥잠화가 서 있다. 정원 그늘진 곳에서 그들은 정말 멋지다. 그렇다. 이들은 그늘에 경이로운 화려함을 가져온다. 그늘진 곳은 옥잠화를 통해 연초록 화려함을 얻는다.

봄에 옥잠화의 거의 도취한 성장을 보는 것은 행복한 일이다. 옥잠화는 정말로 두드러진 생장능력을 갖는다. 폭발적으로 성장해서 5월에는 그야말로 인상적인 크기에 도달한다. 거의 분출하는 그 성장이 내게 깊은 인상을 주었다.

처음에 나는 옥잠화가 다른 여러 정원 식물들이 그렇듯 극동에서 유래했다는 사실을 몰랐다. 한국에서도 이들은 토착종이라는데 나는 거기서 이들을 보지 못했다. 나는 대도시 서울에서 자랐다. 어린 시절에는 자연이 아니라, 냄새나는 하수구로 전락해버린 작은 냇물과 철로 사이에서 놀았다. 어린 시절의 추억 속에는 향기보다는 악취가 더 많다. 주변에 아름다운 자연은 없었다. 그런데도 잠자리는 많았다. 붉은 잠자리를 특히 좋아했었다. 한국어로는 고추잠자리라고 한다. 학교 가는 길의 가장자리에 자라는 풀줄기 위에서 수많은 메뚜기와 사마귀들도 보았다. 그 이상의 자연은 알지 못했다.

한국어로 이것은 옥잠화玉簪花. 이는 어떤 전설에서 유래한 이름이다. 옛날 중국에 뛰어난 피리 명인이 있었다. 어느 달밤에 그가 아름다운 곡조를 연주했는데, 하늘의 선녀가 그의 앞에 나타났다. 그녀는 하늘의 공주님이 이 아름다운 곡을 한 번 더 듣고 싶어 하신다고 전했다. 그래서 그는 그 곡을 다시 불었다. 선녀는 그에게 감사하고 하늘로 날아 올라가면서 머리에서 옥으로 만든 비녀를 뽑아 그에게로 던졌다. 피리 연주자는 그 비녀를 받지 못했다. 비녀는 땅으로 떨어져 그대로 부서졌다. 피리 연주자는 이를 몹시 슬퍼했다. 옥비녀가 떨어진 자리에서 식물 하나가 자랐는데, 그 꽃이 비녀와 비슷했다.

옥잠화 꽃은 매우 아름답다. 강하고 튼실한 잎사귀와는 달리 꽃은 극히 섬세하고 우아하며, 선녀의 비녀만큼이나 부서지기 쉽게 생겼다. 무엇보다도 위로 살짝 굽은 수술이 아름다운데, 이것은 정말로 옛날 한국의 비녀를 연상시킨다. 옥잠화 꽃은 대체로 향기가 없다. 하지만 내 정원에는 향내 나는 옥잠화 한 그루가 있다. 그 이름은 '소 스위트So sweet'. 하지만 나는 이 향내를 달콤하다 부르고 싶지는 않다. 그 향기는 고귀하다. 향기옥잠화는 백합 비슷한 향내를 풍기지만, 그보다 더욱 진중하고, 삼가며, 더 나직하다.

나는 옥잠화들이 최고의 이웃을 갖도록 배려했다. 옥잠화의 특별한 이웃들은 다음과 같다. 코카서스 물망초[브러네라], 노루오줌Astilbe, 초롱꽃 종류, 제라늄Geranium pratense, 억새류, 양치류, 그리고 가을철에는 아네모네와 노루삼Actaea. 디기탈리스[도이치 말로는 골무꽃]도 덧붙여야겠다. 옥잠화 근처에 디기탈리스 두 그루가 자란다. 초롱꽃들은 여름내 푸른 광채를 뿜어낸다.

나는 그늘을 좋아하는 꽃들을 몹시 사랑한다. 내 이름 '병철'은 밝은 빛이라는 뜻이다. 하지만 그림자가 없다면 빛은 빛이 아니다. 빛이 없이는 그림자도 없다. 그림자와 빛은 한데 속한다. 그림자가 빛의 형태를 드러내준다. 빛의 아름다운 윤곽이 그림자다.

디기탈리스는 라틴어 이름이다. '디기탈digital[디지털]'이란 낱말은 주로 헤아리는 손가락 디기투스digitus를 가리킨다. 디지털 문화는 인간을 작은 손가락 존재로 축소시킨다. 디지털 문화는 헤아리는 손가락에 기반을 둔다. 하지만 역사는 이야기다. 역사는 헤아리지 않는다. 헤아리는 것은 역사 이후의 범주다. 트윗이나 정보는 서로 합쳐봐야 이야기가 되지 않는다. 타임라인timeline도 삶의 이야기, 또는 전기傳記를 들려주지 않는다. 더하기를 할 뿐 이야기를 하지는 않는다. 디지털 인간은 끊임없이 헤아리고 계산한다는 의미에서 손가락을 쓴다. 디지털은 숫자와 헤아리기를 절대화한다. 페이스북 친구들은 무엇보다도 헤아려진다. 하지만 우정이란 이야기다. 디지털 시대는 더해진 것, 헤아림, 헤아릴 수 있는 것 등의 합계를 낸다. 심지어 애착도 '좋아요' 형태의 숫자로 바뀐다. 이야기(내러티브)는 그 의미를 엄청나게 잃는다. 오늘날 모든 것은 업적과 능률의 언어로 바꿀 수 있도록 숫자로 만들어진다. 게다가 숫자는 모든 것을 비교가능하게 만든다. 업적과 능률만이 헤아려진다. 그래서 오늘날 헤아릴 수 없는 것은 모조리 존재하기를 멈춘다. 하지만 **존재**는 이야기지 헤아리기가 아니다. 헤아리기에는 역사이자 기억인 **언어**가 없다.

나는 옥잠화에 물 주기를 좋아한다. 물방울이 그 넓은 잎사귀로 굴러가는 것을 관찰한다. 꽃에 물을 주고, 그러면서 관찰하는 일은 마음을 진정시키고 동시에 행복하게 한다. 꽃에 물 주기는 꽃들과 함께 머무는 일이다.

옥잠화는 '하트백합Herzlilien'이라고도 불린다. 잎사귀가 하트 모양이기 때문이다. 꽃은 백합꽃과 비슷하다. 옥잠화는 나타날 때처럼 재빨리 사라진다. 첫 서리가 이 식물을 그야말로 녹여 없앤다. 그리고 노루오줌. 이들은 찬양을 받아 마땅하다. 처음에 나는 이 식물에 거의 주의를 기울이지 않았다. 하지만 꽃이 피기 시작하자 그 아름다움에 깜짝 놀랐다. 다양한 색깔의 원추화서圓錐花序 꽃들이 화려한 빛을 냈다. 그런 빛의 힘을 나는 전에 몰랐었다. 노루오줌도 동아시아 토종이라는 사실이 놀랍다. 이들은 화려하게 빛난다. 그래서 '화려한 원추꽃대Prachtspier'라고도 불린다. 이 꽃들은 자기들이 좋아하는 그늘에 놀라운 화려함, 거룩함, 축제 분위기를 부여한다.

슈피어Spier란 말은 글자 그대로는 작고 섬세한, 뾰쪽한 끝을 뜻한다. 스피라에아spiraea에 속한 꽃들은 모두가 이런 모양[원추화서]이다. 매우 작은 꽃들. 정원이 아니었다면 나는 절대로 '슈피어' 같은 낱말을 알지 못했으리라. 그런 낱말들이 나의 **세계**를 넓혀주었다. 화려한 원추꽃대만이 아니라 여름원추꽃대나 광대원추꽃대도 있다.

봄이 왔다. 겨울에는 메말라서 거의 죽은 듯이 보이던 가지를 지닌, 또는 그루터기만 남기고 거의 사라졌던 식물들이 5월이면 마치 황홀경에 들듯이 자란다. 정원은 머물기에 황홀한 장소다.

Ranunculaceae

Anemone hupehensis

가을아네모네 (미나리아재빗과)

행복에
대하여

식물과 동물은 우리의 옛날 모습, 앞으로 되어야 할 모습
이다. 우리는 그들처럼 자연이었으니, 우리의 문화가 우리
를 이성과 자유의 길을 통해 자연으로 도로 데려가는 것
이 옳다. 식물과 동물은 우리에게 영원히 가장 소중한 것
으로 남아 있는, 우리 잃어버린 어린 시절을 나타내는 것
이기도 하다. 그래서 그들은 우리를 특별한 우수로 가득
채운다. 동시에 그들은 이상理想에서 우리가 이루는 최고
완성의 표현이다. 그래서 그들은 우리를 숭고한 감동으로
데려간다.

프리드리히 실러

정원에서 보내는 매일이 내게는 행복의 날이다. 이 책은 '행복한 나날에 대한 시론試論'이라 불릴 수도 있으리라. 정원에서 일하고 싶다는 그리움을 자주 느낀다. 이때껏 이런 행복감을 알지 못했다. 이는 또한 매우 육체적인 것이기도 하다. 나는 육체적으로 이토록 활동적이었던 적이 없다. 이렇듯 집중적으로 땅과 접촉한 적도 없다. 땅은 행복의 원천인 듯하다. 땅의 낯섦, 다름, 그 독자적 생명에 나는 자주 놀라곤 했다. 육체노동을 하면서 비로소 나는 땅을 내밀히 알게 되었다. 꽃에 물을 주면서 바라보면, 조용히 행복을 얻고 마음이 가라앉는다. 그러므로 정원 일Gartenarbeit이란 알맞은 표현이 아니다. 일Arbeit이란 원래는 괴로움, 고생을 뜻한다. 그런데 정원사의 일은 행복감을 준다. 정원에서 나는 삶의 고난에서 벗어나 원기를 얻는다.

아름다운
이름들

정말 아름다운, 장난스러운, 또는 신비로운 꽃 이름들이 있다. 천국열쇠[Primula veris, 앵초], 천구의 아름다움, 초록처녀[Nigella damascena, 흑종초], 상중喪中마님, 개이빨[Erythronium dens-canis, 얼레지], 불타는 사랑[Lychnis chalcedonica, 칼케도니아동자꽃], 나를건드리지마[Impatiens noli-tangere, 노랑물봉선], 밤그림자[Solanum] 등등. 모든 꽃 이름을 다 외는 것은 거의 불가능하다. 세상에는 약 25만 가지 꽃이 있다고 한다. 그 모든 이름은 내가 가진 도이치 어휘를 여러 배나 넘어간다.

전에 나는 고유한 이름에 대해 많은 생각을 했다.《죽음의 종류Todesarten》라는 책에서는 이렇게 썼다.

발터 베냐민은 어떤 이야기에서 이렇게 썼다. "그 섬에는 열일곱 종의 무화과가 있다고들 한다. 그 이름들을—햇빛 속에서 제 길을 가는 남자가 혼잣말하기를—알아야 할 거야." 그러니까 각각의 무화과 종류는 제각기 독특해서 다른 것으로 치환될 수가 없다. 그런 독특성은 열일곱 종의 무화과를 한 이름만으로 부르지 못하게 한다. 보편적 명칭은 그들의 유일성, 제각기의 특성, 고유한 이름의 특성을 없애는 일이다. 이런 독특성 덕분에 각각의 무화과 종류는 제각기 저만의 이름, 곧 고유한 이름을 얻는다. 각각의 무화과는 저만의 이름을 갖고 그 이름으로 불릴 자격이 있다. 마치 이름이 그 본질, 그 존재에 접근을 허용하는 순간적인 암호이며, 오직 고유 이름으로 부르기, 그런 호출만이 그 본질을 맞추는 것만 같다. 그들이 그토록 다른데, 그것을 단 하나의 이름, 하나의 보편적 명칭으로 부른다면 각각의 무화과 종류의 존재를 알지 못할 것이다. 오로지 독특한 것만을 이름으로 부를 수 있다. 고유한 이름을 붙이기, 고유한 이름으로 부르기가 각각의 무화과 종류를 체험할 열쇠를 손에 쥐여 준다. 잘 알다시피 인식이 아니라 체험이 중요하다. 체험은 일종의 부르기, 또는 깨우기다. 진짜 체험, 즉 불러내는 대상은 보편성이 아니라 독특성이다. 오로지 이것만이 만남을 가능케 한다.

정원사 일을 하게 된 뒤로 나는 가능하면 많은 꽃 이름을 외우려고 애쓴다. 그들은 나의 세계를 몇 가지 점에서 더욱 풍부하게 해주었다. 정원에 있는 꽃의 이름도 모른다면 그것은 꽃에 대한 배신이라 할 것이다. 이름이 없다면 그것을 부를 수가 없다. 정원은 이름을 부르는 장소이기도 하다. 횔덜린의 디오티마는 이 점에서 모범이다.

그녀의 마음은 꽃들 사이에서 마냥 편안했다. 마치 그녀 마음이 꽃들 중 하나이기라도 한 듯이. 그녀는 모든 꽃들을 이름으로 불렀고, 사랑하는 마음에서 그들에게 새로운, 더 아름다운 이름을 붙여주고, 각각의 꽃이 가장 즐거워하는 삶의 시간을 정확히 알았다.

니체는 이름 붙이기를 권력행사로 파악한다. 지배자들은 "각각의 물건과 사건을 하나의 소리로 낙인찍고 그로써 그것을 소유한다." 그에 따르면 언어의 기원은 '지배자들의 권력선포'이다. 언어는 '가장 오래된 물건 점유과정의 잔향'이다. 모든 낱말, 모든 이름이 니체에게는 하나의 명령이다.

곧 '너는 이런 이름이어야 한다!'는 명령. 따라서 이름은 사슬에 묶기, 이름 부르기는 점령이다. 이 점에서 나는 전혀 다른 의견이다. 아름다운 꽃 이름에서 나는 그 어떤 명령이나 권력요구가 아니라 사랑과 애착을 듣는다. 이름을 주는 디오티마는 사랑을 주는 사람이다. 그녀는 사랑하는 마음에서 꽃들에게 더욱 아름다운 이름을 준다. 꽃 이름은 **사랑의 말**이다.

빅토리아
큰가시연

베를린의 여름이 계속해서 뜨겁고 습하다면, 그리고 정원에 커다란 연못이 있다면 나는 거기서 아마존강 출신 수련인 빅토리아 큰가시연Victoria amazonica이 피는 것을 보고 싶다. 20년 전에 라이프치히에서 열린 독일 철학회에서 내가 행한 최초의 발표는 우연히도 '빅토리아 큰가시연'이라는 제목이었다. 그 강연은 정말로 아마존강 출신의 놀랍도록 아름다운 이 거대 연꽃과 연관된 것이었다. 당시 나는 자주 바젤에 머물렀다. 바젤에는 작지만 매우 아름다운 식물원이 있다. 그곳에는 열대 수생식물을 위한 온실 수련睡蓮 관이 있다. 1년에 한 번씩 이 식물원은 밤에도 개장을 하는데, 사람들이 밤에 피어나는 큰가시연을 볼 수 있게 하기 위해서다. 이 수련이 내게 철학 발표를 위한 영감을 주었다. 그 강연은 다음과 같은 말로 시작된다.

빅토리아 큰가시연이라 불리는 아마존강 출신의 수련이 있다. 로고스의 시종侍從 헬리오스, 곧 태양이 지면 가시가 달린 꽃봉오리가 물에서 나와 개화한다. 곤충들이 그 향기에 이끌린다. 한참 뒤에 꽃은 도로 닫힌다. 거기 갇힌 곤충들은 밤새 그 안에 머물면서 수분受粉을 한다. 수련의 꽃은 첫날밤은 흰색. 두 번째 밤에 꽃이 다시 열리면 꽃은 도취된 듯 붉은색으로 물들어 있다. 이 색깔 변화가 가히 놀랍다.

그리고 마지막은 다음과 같다.

발터 베냐민에게 진짜 수집가의 특성이란 물건들에 의한 도취, 즉 소유에 앞서 영감을 받는 능력이다. "수집가는 물건을 손에 쥐자마자 벌써 그것을 통해 영감을 받는 것 같다. 물건을 통해 마법사처럼 그것의 먼 미래를 바라보는 것 같다." 하이데거의 손도 먼 미래를 지켜본다. "나는 머물러 있는 손을 생각한다. 그 어떤 만져봄과도 무관한 접촉이 그 안에 모여드는 손……"

정원사도 수집가다. 꽃들을 통해 영감을 받는다. 나는 정
원사의 손에 대해 생각해본다. 그 손은 무엇과 접촉하는가?
그것은 사랑하고 기다리는, 참을성 많은 손이다. 그 손은 아
직 거기 없는 것과 접촉한다. 먼 미래를 지켜보는 것이다.
정원사 손의 행복은 거기에 있다. 정원에 연못 하나를 정말
로 갖고 싶다. 흰 수련Nymphaea alba이 연못에서 피어나는
것을 보고 싶다. 정원에 연못을 마련하는 비용이 너무 비싸
서 대신 카이저슈툴Kaiserstuhl산의 석회석으로 만든 아름
다운 낡은 수조 하나를 정원에 들였다. 물을 느낀 돌 수조
는 아름다운 평온함을 발산한다. 일본산 금붕어 두 마리가
거기서 헤엄치고 있다.

나의 정원에는 곤충들도 찾아온다. 나는 독일에서 처음
으로 커다란 잿빛 잠자리들을 보았다. 이들은 매우 잽싸다.
정원 일을 하다가 작은 메뚜기들을 만나면 몹시 기쁘다. 나
비라일락Buddleja은 점심 무렵에 나비들을 유혹한다. 공작
나비는 나비라일락 꽃을 좋아한다. 나비라일락 부들레야는
다른 많은 꽃들이 그렇듯 극동 출신이다. 어쩌면 이런 이유
에서 나는 이 꽃에 특별한 애착을 느끼나보다.

나비와 벌들은 아름다운 곤충이다. 하지만 아름답지 않은 곤충도 있다. 민달팽이, 지렁이, 지네 같은 것들. 나는 그것들이 좀 역겨워서 피하곤 한다. 생명체를 죽이기가 싫어서 민달팽이를 재빨리 모아다가 멀리 내다버린다. 나는 동물과 곤충들이 좋다. 하지만 파리, 모기, 민달팽이는 좀 힘들다.

정원의 이전 주인은 거의 오로지 달리아들만 남겨두었다. 맨 먼저 나는 달리아를 정원에서 완전히 없앴다. 달리아는 상스럽고 천박한 요소를 가졌다. 고귀하지 않다. 게다가 민달팽이를 끌어들인다. 달리아가 정원에서 사라진 뒤로는 민달팽이를 보는 일이 드물다. 나는 등에 집을 짊어지고 다니는 달팽이가 좋다. 그들은 나하고 비슷하다. 그것 말고도 나처럼 느리고 게으르다. 민달팽이는 너무 벌거벗었고, 너무 집이 없다. 그런데도 놈들에게 어떤 동정심도 느끼지 못한다. 놈들은 너무 속이 들여다보인다.

하이데거의 '땅'에는 이상하게도 곤충이 없다. 하이데거에게서 유일하게 등장하는 곤충은 귀뚜라미다. 물론 귀뚜라미는 신전 벽 안에서 아름다운 울림으로만 나타난다. 하이데거에게 곤충은 모조리 해로운 것, 즉 제물로는 맞지 않는 동물인 듯하다. 하이데거가 자신의 땅, 자기 세계 안으로 데려간 동물은 사슴이나 황소처럼 주로 제물로 쓰이는 동물이다. 나는 아름다운 곤충을 사랑한다.

쥐어뜯긴 지빠귀 한 마리가 자주 나의 정원을 방문한다. 나는 녀석을 알아볼 수 있다. 아름다운 방문. 지빠귀는 우리 정원이 편한 모양이다. 그사이 나는 나 자신을 완전히 녀석과 동일시하게 되었다.

Colchicaceae

Colchicum autumnale

가을시간너머 (백합과 콜키쿰속)

가을시간너머

뛰어난 것이 시들어도 울지 마라! 머지않아 그것은 젊어지리니! 너희 마음의 멜로디가 멈추어도 슬퍼하지 마라! 머지않아 어떤 손이 그 소리를 다시 켜게 되리니!

나는 어떠했던가? 나는 끊어진 현악연주 같지 않았던가? 소리를 조금 더 내긴 했지만 그것은 죽음의 소리였다. 나는 이미 어두운 백조의 노래를 부른 다음이었으니! 죽음의 화환을 나 자신에게 둘러주고 싶었지만 나는 겨우 겨울 꽃들만 지녔다.

프리드리히 횔덜린,《휘페리온》

가을이면 절망감이 커진다. 모든 것이 시든다. 모든 잎사귀가 땅으로 떨어진다.

나무들엔 여기저기
가랑잎 하나씩 매달려 있네.
나는 자주 생각에 잠겨
나무들 앞에 멈추어 서네.

가랑잎 하나 바라보며
내 희망을 거기 매단다.
바람이 내 잎사귀를 갖고 놀면
나는 떤다, 내가 떨 수 있는 만큼.

[〈겨울나그네〉 16곡]

서양메꽃처럼 시들지 않고 겨울까지 피는 아름다운 가을
꽃들이 있다. 나는 장미도 가을꽃으로 친다. 장미는 첫서리
가 내릴 때까지 이따금씩 계속 핀다. 겨울까지 꽃이 피는
것이다. 드물지 않게 섬세한 장미봉오리 위로 하얀 눈이 내
린 것을 본다. 내 정원에는 그 아름다움으로 추위에 대항하
는 몇 종의 장미들이 있다.

늦가을에도 꽃의 화려함을 포기해야 하는 것은 아니다.

가을크로커스와 가을시간너머Colchicum autumnale [콜키쿰]가 있다. 가을크로커스는 봄크로커스와 모양이 거의 분간되지 않는다. 그에 비해 가을시간너머는 꽃이 분명히 더 크다. 알뿌리도 훨씬 더 크다. '가을시간너머Herbstzeitlose'[콜키쿰의 도이치 이름]라니, 대체 어떤 이름인가! 이 식물은 그 매혹하는 꽃으로 바람에 흔들리는 영원성[시간을 넘어섬]을 정원에 불러온다. 그 풍성한 꽃들로 보면 이것은 늦가을에 어울리지 않는다. 모든 것이 이미 몰락에 바쳐진 시간. 그때 낙엽으로 뒤덮인 바닥에서 커다란 꽃 한 송이가 피어난다. 꽃은 정원을 특별한 분위기로 바꾼다. 생명이 차츰 기울어 가는데, 화려한 새 생명이 깨어난다. 점점 약해지는 빛과 차가워지는 공기는 이미 다가오는 겨울을 알린다. 하지만 이 꽃은 이런 시간의 질서에 따르지 않는다. 이는 분명 형이상학의 꽃. 시간을 넘어서는 그 특성이 초월성을 드러내 보여준다. 가을시간너머는 정원에 특별한 멜랑콜리를 부여한다. 나는 언제나 거듭 저 특별한 정원의 분위기로 들어가 보려고 애쓴다. 이는 나의 정원을 지배하고, 정원을 다룬 이 책의 바탕에 깔린 기본 정조이다. 그것이 이 책의 **음조를** 정한다[규정한다]. 봄과 여름에도 그 음조는 스러지지 않는다. 이는 내가 그 즈음 매일 듣던 슈만의 피아노곡 〈아침의 노래〉

와 밀접하게 결합되어 있다. 간절히 아침을 기다림, 새로 깨어나는 생명을 기다림이 내 겨울정원의 시간 모드이다.

2016년 최초의 더운 여름날은 4월 22일이었다. 나는 다가오는 여름의 끝이 두려웠다.

> 여름은 이제 거의 끝나가고 있었다. 나는 어둡게 비 내리는 날들, 바람의 휘파람소리, 폭풍우가 만들어내는 개천들의 포효를 미리 느꼈다. 그리고 자연은 모든 식물과 나무에서 솟구쳐 오른 거품 뿜는 분수처럼, 이제 내 음울해진 감각 앞에 서 있었다. 나 자신도 그랬듯이 스러지고 닫혀져 자신 안에 갇힌 채로.
>
> 프리드리히 횔덜린,《휘페리온》

Asteraceae

Xerochrysum bracteatum

밀짚꽃 (국화과)

정원사의
일기

C'est une chanson pour les enfants

Qui naissent et qui vivent entre l'acier

Et le bitume, entre le béton et l'asphalte

Et qui ne sauront peut-être jamais

Que la terre était un jardin.

Il y avait un jardin qu'on appelait la terre.

Il brillait au soleil comme un fruit défendu.

Non ce n'était pas le paradis ni l'enfer

Ni rien de déjà vu ou déjà entendu.

Il y avait un jardin, une maison des arbres

Avec un lit de mousse pour y faire l'amour

Et un petit ruisseau roulant sans une vague

Venait le rafraîchir et poursuivait son cours.

Il y avait un jardin grand comme une vallée.

On pouvait s'y nourrir à toutes les saisons.

Sur la terre brûlante ou sur l'herbe gelée

Et découvrir des fleurs qui n'avaient pas de nom.

Il y avait un jardin qu'on appelait la terre.

Il était assez grand pour des milliers d'enfants.

Il était habité jadis par nos grands-pères

Qui le tenait eut même de leurs grands-parents.

Où est-il ce jardin où nous aurions pu naître?

Où nous aurions pu vivre insouciants et nus?

Où est cette maison toutes portes ouvertes

Que je cherche encore et que je ne trouve plus?

이것은 철과 역청 사이,
콘크리트와 아스팔트 사이에
태어나 살면서 지구가
정원이었다는 사실을 아마
절대로 모를 아이들을 위한 노래.

지구라는 이름의 정원이 있었네,
햇빛 속에선 금지된 열매처럼 보였어,
아니, 그건 천국이나 지옥이 아니었어,
전에 보거나 들어본 것도 아니지.

정원, 집, 나무들이 있었지,
사랑을 나눌 거품침대도 있었어.
작은 시내가 파도치지 않고 찾아와
정원에 물을 주고는 제 갈 길을 계속 갔단다.

골짜기 같은 커다란 정원이 있었지,
어느 계절에나 먹을 것이 있었어.
타오르는 땅이나 얼어붙은 풀 위에서도
이름 없는 꽃들을 찾아냈단다.

지구라 불리던 정원이 있었네,

수많은 아이들이 들어갈 만큼 넉넉했어,

우리 조상들이 옛날에 살았던 곳,

그들이 다시 자기 조상들에게서 물려받은 곳.

우리가 태어났을 수도 있었을 이 정원은 어디에 있나?

우리 벌거벗고 근심 없이 살았을 그곳은?

이 집은 어디 있나? 모든 문들이 열린 곳,

내가 아직도 찾고 있지만 찾을 수 없는 그곳은?

조르주 무스타키Georges Moustaki의 노래

〈정원이 있었네Il y'avait un jardin〉

숲 같은 우리 얼굴 위로 비가 내린다.

가브리엘레 단눈치오Gabriele D'Annunzio의 시

〈소나무 숲에 내리는 비La pioggia nel pineto〉

정원사의 일기

금년 봄 정원 울타리 밖에 씨를 뿌린 해바라기들이, 먹성
좋은 달팽이들이 그 씨앗을 좋아하는데도, 지금 꽃을 피우
고 섰다. 아주 튼실하게 자랐다. 태양을 숭배하는 이 꽃들이
빛나는 노랑 울타리가 되어 내 정원을 둘러싸고 있다. 그들
은 정말이지 빛나는 태양과 같다. 자주 놀라서 꽃들을 올려
다본다. **키 큰** 꽃들을. 그토록 작은 씨앗에서 이렇듯 거대한
꽃이 올라오다니 기적이다. 꽃 대강이를 붙잡고 그 견고함,
땅에 굳건히 서 있음, 흙에 뿌리박음을 경탄한다. 이것이 내
게 이로운 작용을 하고 아름다운 **토대를** 주었다. 다른 어느
때보다도 지금 내게 더욱 간절히 필요한 그것을.

　울타리 곁의 메꽃들이 보라색으로 피어났다. 니체가 살
았던 집에서 멀지 않은 나의 바젤 아파트 발코니는 메꽃으
로 뒤덮였다. 메꽃은 아침 일찍 꽃잎을 열었다가 저녁이면
도로 닫는다. 발코니 오른쪽엔 메꽃들이, 왼쪽엔 포도덩굴
이 뒤엉켜 있었다. 그 사이에서 가을이면 코스모스가 피었
다. 오른쪽 끝 커다란 화분 속에 인동 한 그루가 서 있었다.
인동은 지나간 사랑과 더불어 죽었다. 당시 시계들도 멈추
어 섰다. 고통이 극심했다.

밀짚꽃들이 화려하게 핀다. 빨강, 노랑, 하양. 그 꽃잎들은 밀짚처럼 바싹 마른 느낌이다. 이들은 결코 시들지 않을 것처럼 보인다. 그 명랑함과 근심 없음이 좋다. 이들은 아이 같다. 이 꽃은 물을 전혀 좋아하지 않는다. 비가 내리거나 내가 물을 주면 꽃잎들이 안으로 말려들어간다. 마치 고통을 느끼는 것처럼 움츠러드는 것이다. 이 꽃이 한해살이라는 게 아쉽다. 이들은 영원한 작별을 위해 피어난다. 나는 특히 흰 밀짚꽃이 좋다.

푸른 부용꽃[히비스커스]이 피었다. 부용은 한국의 국화國花다. 한국어로는 무궁화. **노발리스**라는 이름의 푸른 장미도 피었다. 푸른색은 낭만파의 색깔. 당당한 주인 같다Herrlich. '주인Herr'이란 말이 그 아름다움에는 어울리지 않지만. 이 말엔 우아함이 빠져 있다. 푸른 수국도 그늘 속에서 얌전하게 빛난다. 무스카트 블뢰Muscat bleu 포도가 천천히 익으면서 푸른색을 띤다. 아프리카 나팔꽃Thunbergia alata[도이치식 이름은 '검은 눈의 수잔']이 활짝 피었다. 완전 여름 꽃. 이 꽃은 가을이 오기까지 여름 내내 미소 짓는 그 눈을 **빛낸다**. 그토록 근심 없고 명랑하다.

Lamiaceae

Vitex agnus-castus

수도사후추 (꿀풀과)

수도사후추Agnus castus[순결나무]가 꽃피기 시작한다. 초여름까지도 가지들이 완전히 말라 있기에 처음에는 이 나무가 겨울을 견디지 못한 모양이라고 여겼다. 그런데 놀랍게도 순들이 나왔다. 경이로운 부활이었다. 죽은 나뭇가지에서 초록 순들이 나온 것이다. 그들은 **살아 있다**. 그리고 이제 빛나는 푸른 꽃이 핀다.

수도사후추Mönchspfeffer는 '순결나무', 또는 '순결한 양', '성모님의 침대밀짚'이라고도 불린다. 이 꽃이 성욕을 감퇴시키기 때문이란다. 그래서 이 꽃은 순결 또는 처녀성을 상징한다. 헤라 여신은 순결나무 아래서 태어나 1년에 단 한 번 제우스와 합방한다. 그런 다음 임브라소스Imbrasos강에서 목욕하면 처녀성이 복원된다. 순결나무는 중세 수도원에서 향료식물 및 약용식물 곁에서 번성했다. 수도사들은 매운 맛이 나는 이 열매를 양념 삼아 음식에 넣었다. 그것은 성욕감퇴제 노릇을 했다. '혐오스러운 육욕'에 맞서기 위해 쓰이는 성욕감퇴제로는 순결나무 말고도 루타Ruta graveolens, 맥주를 만드는 홉, 감초, 비름Amaranthus 등이 있다. 그리스 의사 페다니오스 디오스쿠리데스Pedanios Dioskurides는 1세기에 순결나무에 대해 이렇게 썼다.

> 로마인들 사이에 야생후추로 알려진 아그노스, 순결한 양
> 관목은 강가나 암벽해안에 자라는 나무 모양 관목이다.
> [곡물의 여신 데메테르를 기리는] 테스모포리아 축제에서
> 순결을 지키려는 여인들이 이 나무를 잠자리로 이용하거
> 나 성욕을 억제하기 위해 그것을 마셨기 때문에, 아그노스
> 라 불린다.

사과는 점점 커지고 점점 노란색이 된다. 좋은 냄새를 풍
긴다. 사과는 진짜로 향내가 난다. 정원은 향기의 장소. 땅
의 향내를 풍긴다. 땅의 향기로운 열매인 딸기가 널리 뻗어
나간다. 딸기는 원래 '빨강'이라 불렸다. 하지만 모든 딸기
가 다 빨간 것은 아니다. 내 정원에는 흰색 딸기도 있다. 새
들은 이 딸기가 익지 않았다 여기고 쪼아 먹지 않는다. 하
지만 흰 딸기는 잘 익어서 달콤한 맛과 향기를 풍긴다. 흰
딸기는 그 하얀 색깔 덕에, 내 정원에서 모든 베리 종류와
포도까지 먹어치우는 먹성 좋은 새들에게서 스스로를 지킨
다. 새들은 올해 별나게 탐욕스럽다. 물론 녀석들은 미식가
다. 익은 과일만 먹는다. 오이와 토마토도 무성하다. 이것들

은 정도를 넘어 무성하다. 이런 과도함을 나는 좋아하지 않는다. 향기옥잠화 '소 스위트So sweet'가 황홀한 향기를 흘려보낸다.

한여름에 가을처럼 몹시 추운 날. 추위에도 불구하고 멋지게 핀 꽃들이 여름과의 때 이른 작별을 보상해준다. 올해 여름은 유독 일찍 끝났다. 여름 한복판인데 벌써 가을이다. 가을꽃들이 나타나고 있다. 가을시간너머[콜키쿰]의 커다란 꽃들이 이국의 열매처럼 보인다. 이 꽃들은 가을 한가운데서 축제처럼, 정말 시간 너머로 핀다. 축제-시간은 시간을 넘어선다. 축제는 시간 너머의 특성[영원성]을 만들어낸다. 오늘날 시간은 노동시간으로 합산된다. 더 이상 **축제**는 없다. 그래서 시간은 옛날보다 더욱 허망하다. 가을시간너머 꽃들이 어두운 가을 정원에 빛과 광채를 가져온다.

짧고 추운 여름 때문에 여름 꽃들이 너무 빨리 시들어서 몹시 슬펐다. 제대로 피지도 못했는데. 재빨리 시들어버렸다. 예상치 못한 추위가 한여름에 축축하고 차가운 가을을 불러들였다. 보통은 9월이나 10월에 피는 가을시간너머 꽃이 지금 한여름에 피었다. 가을시간너머 하나는 큰 크로커스처럼 보인다. 또 다른 가을시간너머는 겹잎이다.

향기수국이 진하지만 몹시 섬세한 향기를 낸다. 백합 향. 뻐꾹나리Tricyrtis hirta가 그늘에 피었다. 그늘에 피는 꽃들이 나는 좋다. 그들에게 꽃필 그늘을 만들어주었다. 그곳에서 디기탈리스, 초롱꽃들, 옥잠화, 코카서스 물망초, 가을아네모네가 피었다. 하지만 그늘을 환하게 밝히는 것은 수국이다. 수국은 도취시키는 꽃이니 나는 그것을 사랑한다. 시간을 두고 그 꽃을 사랑하는 법을 배웠다.

이미 깊은 가을. 대기는 몹시 서늘하다. 슬픔이 크다. 가을아네모네, 코스모스, 가을시간너머, 가을크로커스 들이 화려하게 피었다. 코스모스 씨앗은 한국에서 가져왔다. 그러니까 올해엔 한국산 코스모스가 핀 것이다. 베를린 식물원의 관목 시장에서 산, 낯선 향기를 풍기는 약모밀도 한국산이다.

순결나무, 장미, 옥잠화가 천천히 생명력과 꽃피는 힘을 잃어간다. 층꽃나무Caryopteris, 가을시간너머, 플록스, 로벨리아Lobelia erinus, 아프리카 나팔꽃, 향기옥잠화, 수국은 완전히 시들고, 장미와 제라늄이 가을정원에 따스한 마지막 광채를 낸다.

최근에 나 자신이 피를 흘리는 기분이 들었다. 통증이 나를 관통하면서 상처받기 쉽게 만들었다. 감각이 예민해졌다. 모든 것이 어딘지 고통스러웠다. 그러더니 사고가 일어났다. 정원에는 아름다운 버들 한 그루가 서 있다. 내가 몹시 사랑하는 나무다. 어느 날 버들이 부러진 것을 보고 깜짝 놀랐다. 잎사귀들이 말라 보였다. 분명 설치류 한 마리가 몸통을 갉아먹으며 구멍을 뚫은 것이다. 나무의 몸통 내부에 불그레한 색이 보였다. 그래서 나무가 피를 흘린 것을, 나무가 나를 떠난 것을 느꼈다. 그것은 내 정원에 모습을 드러낸 죽음이었다.

내 사랑 버들이 피를 쏟았다. 상처가 너무 커서 살릴 수가 없었다. 나무는 아마 이번 가을에 죽을 것을 예감했던가 보다. 봄에 버드나무는 꿀벌 떼에 휩싸여 헛소리를 했었지.

2016년 9월 25일에 내 사랑하는 나무의 일으켜 세워진 시신 곁에 밤늦도록 머물면서 애도하고, 가을아네모네와 더불어 나무를 생각하며 울었다. 나 자신이 피를 흘린다고 생각한 그 순간에 버드나무가 피를 흘리고 죽었다. 그 나무는 내가 잃어버렸다고 여긴 내 애인이었으니.

2016년 9월 29일

일본 출신 가을아네모네(대상화), 한국 코스모스, 가을크로 커스가 화려하게 피어 있다. 정원에 심으려고 올해 한국에서 식물 씨앗을 많이 가져왔다. 특히 들깨, 곧 깻잎(일본말 에고마)의 씨앗을 가져왔다. 깻잎은 맛이 훌륭하다. 깻잎에 밥 조금과 된장을 싸서 한꺼번에 입에 넣는다. 향긋한 맛이 일품이다. 그것은 땅의 향기, 땅 깊은 곳에 폭 싸인 향기를 낸다. 밥의 온기와 깻잎의 맵싸함이 서로 아주 잘 어울린다. 들깨 요리법은 많다. 간장에 절인 깻잎이 특히 맛이 좋다. 내가 좋아하는 것이다.

깻잎 튀김도 맛있다. 바삭바삭한 얇은 튀김옷은 입 안에 마법의 향기를 퍼뜨린다. 《부재Abwesen》라는 책에 나는 다음과 같이 썼다.

> 튀김도 비어 있음의 원칙을 따른다. 튀김은 서양요리에서 기름에 조리한 음식에 달라붙는 무게를 갖지 않는다. 뜨거운 기름은 야채 또는 해산물에 입힌 매우 얇은 밀가루 층을 바삭한 비어 있음의 껍질로 바꾸어주기 위한 것이다. 한국에서 하듯이 튀김을 위해 깻잎을 쓰면 깻잎은 뜨거운 기름 속에서 거의 실체가 없이 녹아 그냥 향기로운 초록이 된다. 아직껏 어떤 요리사도 섬세한 찻잎을 튀김으로 만들 생각을 한 적이 없다는 게 유감이다. 그러면 마법과 같은 차향과 비어 있음의 맛이, 그야말로 부재不在의 음식이 나올 텐데 말이다.

늦가을까지 깻잎을 수확했다. 유감스럽게도 이 식물은 서리를 견디지 못하고 움츠러들어 축 늘어졌다. 맛있고 향기로운 초록은 거무튀튀한 시체가 되었다. 그러고는 병든 냄새를 풍긴다. 순결나무, 장미, 옥잠화 등이 천천히 생명력과 꽃필 힘을 잃어간다.

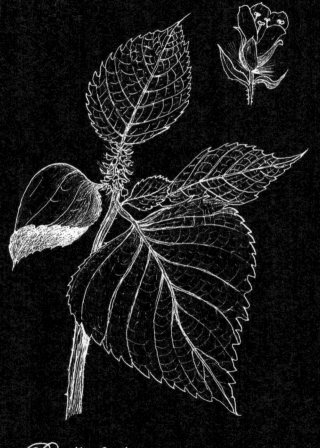

Lamiaceae

Perilla frutescens

들깨 (꿀풀과)

그늘에는 푸른색 층꽃이 피어 있다. 플록스와 로벨리아가 새로 꽃핀다. 아프리카 나팔꽃[검은 눈의 수잔]이 천천히 시든다. 붉은 제라늄은 이 추운 가을날 기분이 좋아 보인다.

2016년 10월 17일

벌써 수많은 낙엽이 바닥에 뒹군다. 수국 꽃잎이 천천히 창백해진다. 색깔이 있는 꽃받침은 이제 초록 잎으로 변한다. 그에 반해 수국 곁에 서 있는 초롱꽃들은 빛나는 보라색으로 피어난다. 향기옥잠화는 거의 고집스럽게 계속 꽃을 피운다. 다른 옥잠화들은 이미 오래전에 씨앗 꼬투리를 매달았건만. 향기옥잠화 '소 스위트'가 좋다.

늦여름에 장미가 올해엔 제대로 피지 못할 거라고 생각했었다. 장미원에 있던 작년만큼 꽃필 의지가 없었다. 지금 이 가을에 다시 장미꽃이 핀다. 심지어 추위가 장미에게 생명을 준 것만 같다. 밤에 장미를 보면 특히 아름답다. 늦게 심은 가을시간너머가 아름답게 피고 있다. 커다란 겹잎들이 매혹적이다.

정원 일을 하면서 안 그랬더라면 절대로 몰랐을 새로운

낱말들을 익힌다. 그런 낱말들이 자주 행복감을 준다. 수국은 여러 종류가 있다. 이들은 관목일 뿐만 아니라 덩굴식물이기도 하다. 덩굴식물Liane이라는 낱말이 정말 아름답다. 이는 줄기가 목질화하는 덩굴을 가리킨다. 내 정원에는 두 그루의 덩굴수국이 있다. 수국 잎사귀는 마주나기로 나온다. '마주나기gegenständig[opposite]'라는 개념이 흥미롭다. 이는 '잎차례Phyllotaxis(phyllon 잎, taxis 차례)'를 나타내는 말로, 잎들이 나오는 특별한 질서를 알려준다. 마주나기 식물들은 싹이 나오는 축을 따라 잎사귀들이 서로 마주보며 나온다. 돌려나기quirlständig 또는 윤생wirtelständig 식물들은 싹이 날 때 동일한 높이에서 두 장 이상의 잎사귀가 자란다. 'quirlig'라는 말은 알고 있었지만 'wirtel'이라는 낱말은 전에는 몰랐었다.

잎몸Lamina이란 잎사귀에서 잎자루 위쪽의 평평한 부분을 가리킨다. 잎몸은 다시 잎맥들로 나뉘는데, 잎맥이란 관다발과 그 사이 영역들로 이루어진다. 수국의 잎맥은 대개는 그물맥이지만 몇 종류는 아크로드롬acrodrom이다. 아크로드롬 잎맥은 옆으로 뻗어나가는 잎맥이 잎사귀 끝까지 나란히 나가다가 잎의 뾰쪽한 끝을 향해 꺾이는 형태이다. 이런 외래어들이 나를 매혹한다. 자주 나는 탐욕스럽게 그런 말들을 삼킨다. 그것은 점점 더 복잡하고 점점 더 아름다워진다. 관다발은 울타리조직pallisade parenchyma과 해면조직spongy parenchyma 사이 경계에 있다. 내게 이미 친숙한 도이치 말을 하면서 나는 정원 일 중에 아름다운 외래어, 아름다운 낯선 세계로 들어간다. 잎사귀 하나가 수많은 외래어 낱말들을 속에 감추고 있다. 수국 잎은 가장자리가 **톱니 모양**이다. 하지만 매끄러운 가장자리를 가진 잎사귀들도 있다. 턱잎은 없다. 턱잎이란 잎사귀 아래쪽에 잎사귀 모양으로 나온 군더더기 잎사귀를 말한다. 턱잎은 가짜 태양인 무리해幻日처럼 가짜 잎사귀다.

하늘에 태양이 세 개 떠 있는 걸 보았어.
나 오랫동안 그들을 바라보았네.
그들도 거기 단단히 서 있었어.
내게서 멀어지지 않으려는 듯.

아, 너희는 내 태양이 아니야!
다른 사람들 얼굴이나 비추어라.
그래, 전엔 내게도 태양 세 개가 있었지,
가장 좋은 두 개는 이미 져버리고

세 번째만 남았다가 이제 방금 따라갔어.

어둠 속이 난 더 좋더라.

[〈겨울나그네〉 23곡]

　수국은 원추꽃차례[원추화서] 또는 총상꽃차례로 되어 있
다. 원추꽃차례란 중심 꽃대가 하나의 꽃으로 끝나는 것을
말한다. 총상꽃차례는 총상總狀을 이룬 중심축에 여러 개의
원추꽃차례가 붙은 것이다. 총상(라틴어 racemosus)이란 포
도송이 모양을 뜻한다. 자방하생[꽃받침, 꽃잎, 수술이 씨방 아
래 자리 잡음] 씨방을 지닌 씨방중위 꽃들은 꽃바닥Receptac-
ulum, 꽃받침Sepalum, 꽃잎Petal, 수술Stamina, 암술Karpelle
등으로 구성된다. 수국에는 꽃을 덮는 포엽Brakteen이 있는
경우가 있다. 이는 꽃차례 가장자리에 나온 번식력 없는 가
짜 꽃인데, 이 가짜 안에 번식력을 지닌, 매우 작아서 눈에
띄지 않는 꽃이 들어 있다. 가장자리의 번식력 없는 꽃은
네댓 장의 꽃잎 모양을 한, 하얀, 또는 붉은, 또는 보랏빛의
커다란 꽃받침이다. 많은 관상용 수국에는 번식력을 가진
꽃이 아예 없다. 사람들이 흔히 수국 꽃이라고 여기는 것은
진짜 꽃이 아니다. 실은 꽃받침일 뿐이다. 번식력을 가진 꽃
들은 대개 자웅동체다. 하지만 단성인 종류도 몇 있다. 이런

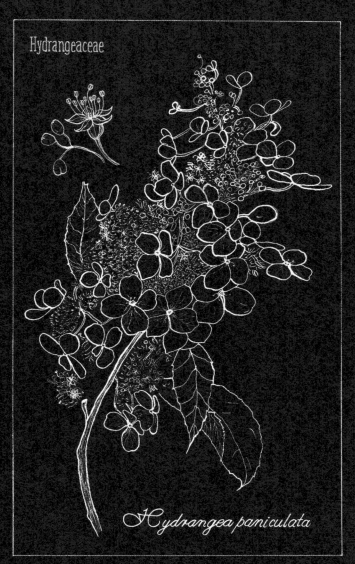

Hydrangeaceae

Hydrangea paniculata

나무수국 (범의귓과 수국속)

꽃들은 자웅이 따로 갈라진 암수딴그루가 된다.

몹시 축축하고 춥다. 장미 머리들이 대롱대롱 매달렸다. 장
미꽃은 마지막 힘을 다해 핀다. 옥잠화 잎들은 그야말로 녹
아들고 있다. 노란 테두리가 거의 투명해진다. 초록 부분은
완전히 노래진다. 낙엽 한가운데서 가을크로커스와 가을시
간너머가 피어 있다. 죽음과 탄생, 오고 감이 깊은 멜랑콜리
속에 서로 뒤섞인다. 9월에 가을시간너머를 심었다. 늦가을
에 땅에서 솟아나는 하양-보라 싹들이 아름답다. 몇몇 '지
표식물Bodendecker'(얼마나 사랑 없는 표현인가)의 꽃이 겨울
속으로 피어난다. 푸른 로벨리아가 특히 사랑스럽다. 꽃은
빛을 내는 푸른색 난초 모양. 로벨리아는 특히 충성스럽다.
라벤더가 띄엄띄엄 꽃들을 매달고 있다. 밀짚꽃도 다시 핀
다. 일부 꽃들은 시든 다음 두 번째로 개화를 시작한다는
것이 흥미롭다. 난 이런 **늦둥이**들이 좋다.

최근에 산 유겐트슈틸 양식의 책상에서 이 글을 쓴다. 쇠장식과 열쇠가 아주 아름답다. 유겐트슈틸과 아르데코는 내가 좋아하는 양식이다. 그들은 고요하고 소박한, 복고풍의, 하지만 경쾌한 아름다움을 지닌다. 내 새 책상엔 초록색 **쓰기초원**이 있다. 쓰인 말들이 그곳에서 초원의 꽃들처럼 피어난다.

깊은 가을, 아니 거의 겨울이다. 굵은 빗줄기가 쏟아진다. 차가운 비. 몹시 어둡고 흐리고 축축하다. 해가 나온다 해도 제대로 밝아지지 않는다. 해는 광채를 낼 힘이 없다. 하늘에 붙은 맥 빠진 원반 같다. 여러 시간 낙엽을 쓸어냈다. 이제 잎이 거의 모두 떨어졌다. 떡갈나무 잎은 질색이다. 크고도 거칠다. 그러니 빨리 썩지도 않는다. 사라져서 얼른 흙과 섞이는, 흙으로 되돌아가는 더 섬세하고 약한 잎들이 나는 좋다. 떡갈나무 잎은 계속 머문다. 그러니 그 잎들은 아름답지가 않다. 얼른 태워버리고 싶다.

지금 수국은 아주 불쌍한 모습이다. 잎사귀는 거무튀튀하다. 사방에서 썩고 무너진다. 보통 정원에서 이 시기에는 피어나는 꽃이 없다. 하지만 내 정원은 겨울정원. 여기선 새로 두 번째 봄이 시작된다. 사방에서 초록 순들이 올라온다. 가을크로커스 꽃이 핀다. 올분꽃나무가 속이 꽉 찬 꽃봉오리들을 매달았다. 머지않아 가을벚나무, 영춘화, 겨울바람꽃, 복수초, 갈란투스, 납매, 풍년화, 크리스마스로즈 등이 피어날 것이다. 내 정원에는 겨울 한복판에 두 번째 봄이 있다.

2016년 11월 27일

사프란 크로커스Crocus sativus가 아름답게 꽃피었다. 사프란 크로커스는 가을에 꽃이 피는 크로커스다. 꽃잎 한가운데 빛나는 붉은 상처가 있는데, 바로 사프란 실이다. 생산량은 극히 적어서 사프란 1킬로그램을 얻으려면 사프란 꽃이 20만 송이까지 필요하다. 그래서 사프란은 왕의 사치품 양념으로 여겨진다. 약재로도 쓰이고 값비싼 의상을 위한 염료로도 쓰인다. 로마인들은 사프란을 매우 낭비적으로 다루었다. 그들에게 사프란은 그저 사치품 및 낭비품일 뿐이었다. 그래서 네로는 자기 승리의 상징으로 로마의 거리들에 사프란을 뿌리게 했다.

사프란 크로커스는 추위를 사랑하는가보다. 겨울 추위 한가운데 피어난다. 바늘 모양의 가는 잎사귀가 특히 아름답다. 늦게 꽃핀 하얀 가을시간너머에서 멀지 않은 곳에 지금 사프란이 피어 있다. 가을시간너머는 정원에 일종의 영원성을 부여한다. 이들은 저 〈아침의 노래〉다.

2016년 12월 3일

매우 춥다. 에리카[히스]가 흰색, 노랑, 장미 빛깔 꽃을 피운다. 이들은 서리가 아무렇지도 않은 모양이다. 얼마나 참을성 있고, 얼마나 고통을 잘 견디는지! 에리카는 자주 무덤가에 핀다. 이들은 부활을 약속해준다. 사프란 꽃 한 송이를 꺾어서 보드리야르의 책 《유혹에 대하여》에 꽂아두었다. 겨울밤 사프란 크로커스는 그 자체가 유혹이다. 138쪽과 139쪽에 아름다운 꽃모양이 찍혔다. 다음의 구절들이 사프란 색깔을 입었다.

모든 범죄도 그렇지만 유혹의 과정에도 무언가 비개인적인, 어딘지 제의적祭儀的인, 주체를 넘어선, 초감각적인 요소가 있다. 현실에서 유혹자나 그 희생자의 체험은 그런 요소의 무의식적 반영에 지나지 않는다. 형식의 주체들이 소모되어 없어지는, 그런 형식의 제의적 연습. 그래서 전체는 미적 작품의 형태와 아울러 제의적 범죄의 형태를 포함한다.

아름다운 소녀의 유혹하는 힘, 그녀의 **자연적인** 아름다움은 유혹자의 인위적인 연극론과 전략에 의해 희생되고 파괴되어야 한다. 심리학, 영혼, 주체성 등이 없이 나온 유혹자의 기술이 아름다운 소녀의 자연적인 유혹하는 힘을 이긴다. 유혹자는 유혹의 제의祭儀 과정에 자신을 바친 사제다.

오늘 나는 봄의 한가운데 있다는 착각 속에 잠깐 머물 수 있었다. 이 추위 속에서도 사프란 크로커스의 바늘 모양 잎들이 짙은 초록으로 빛난다. 풀밭과 낙엽에 얼음을 만들어내는 습기가 다이아몬드처럼, 맑은 밤하늘의 별들처럼 반짝인다. 은빛으로 빛나는 낙엽들은 내 손가락의 따스함에 몸을 녹이려는 애인의 언 피부 같다. 나는 심지어 빛나는 땅바닥에도 키스를 하고 싶었다.

잎 떨어진 사과나무에 쪼글쪼글한 사과 하나가 매달려 있다. 오늘에야 그것을 발견하고 깜짝 놀랐다. 사과는 밤에 노란색으로 빛났다. 이 고독한 겨울사과는 하나의 선물, 땅의 찬가다. 그것은 마치 아름다움과 선善을 동시에 드러내는 형이상학적 빛의 반영 같다.

사방에 아직도 떡갈나무 낙엽들이 있다. 이것들이 싫다. 이들은 정원의 형태와 색깔을 망친다. 차이를 없애고 모든 것을 똑같게 만든다. 이들은 죽었지만 더는 죽지 않는다. 내 정원에서 죽일 수 없는 것들. 오늘날 우리 사회에는 모든 것을 똑같게 만드는, 죽지 않는 것들이 무성하다. 일종의 추한 떡갈나무 숲 같은 독일의 신자유주의는 모든 차이를, 그 서로 다름을 없애버리는 죽지 않는 떡갈나무 낙엽 같다. 같은 것Gleiche이라는 낱말 속에 이미 떡갈나무 열매Eiche가 들어 있다는 생각이 방금 떠올랐다. 오늘 거의 분노에 차서 떡갈나무 잎들을 모조리 정원에서 쓸어냈다. 다른 식물의 나뭇가지 속에 끼어 있는 것들까지 하나하나 빼내서 함께 처리했다. 떡갈나무 잎에 비하면 단풍나무 잎들은 더 고귀하고 섬세하다. 작고 노란 벚나무 잎들도 좋다.

시든 옥잠화들이 이젠 완전히 검어졌다. 잎사귀들은 축 늘어졌다. 그런데도 여전히 병적인 아름다움을 발산한다. 겨울정원은 꽃이 없어도 아름답다. 시든 가을아네모네의 뼈대가 그 꽃과 똑같이 아름답다. 풀은 겨울철에 특히 매혹적이다. 그 옆에서 크리스마스로즈와 동백나무가 초록으로 빛난다. 겨울에 꽃피는 식물들은 넉넉한 초록빛을 품고 있다. 향기딸기라고도 불리는 사르코코카 후밀리스Sarcococca humilis와 일본 출신 라벤더가 겨울에도 초록으로 남아 있다. 동백은 다시 따스한 겨울 외투로 감싸주어야지. 지난해 동백은 거의 얼어 죽다시피 했다가 봄이 되어서야 꽃이 피었다.

2016년 12월 24일

크리스마스이브에 홀로 정원에 있었다. 영화에 사용하는 조명등으로 정원을 밝혔다. 할로겐램프에 일광 필터를 덧댔다. 그래서 램프는 아름다운 하얀 빛을 낸다. 일광이 인공빛보다 더 아름답다. 나의 영화 〈침입한 남자Der Mann, der einbricht〉를 촬영할 때 이 빛을 알게 되었다. 덕분에 이제 아름다운 빛과 아름답지 않은 빛을 구분할 수 있다. 치과의사가 조명 달린 확대경으로 내 치아를 바라볼 때 나는 그의 작업을 중단시켰다. 빛이 너무 아름다워 보였기 때문이다. 그의 말로는 동료 한 사람이 그를 위해 손수 이 조명 확대경을 만들었단다.

밤의 일광은 정원을 영화의 장면으로 바꾼다. 그런데도 정원은 오늘 위안이 없었다. 작년 이맘때는 몹시 따뜻했었다. 당시엔 겨울바람꽃, 영춘화, 가을벚꽃 등이 피었다. 오늘은 꺾어진 사프란 크로커스가 있을 뿐이다. 하지만 사방에서 어린 순들이 보인다. 올분꽃나무와 가을벚꽃이 거의 피고 있다. 풍년화도 곧 붉고 노랗게 피어날 것이다.

2017년 1월 9일

쨍 소리가 나는, 거의 아프도록 차가운 겨울날. 갑자기 기온이 영하 10도 아래로 떨어졌다. 정원은 온통 눈으로 덮였다. 깊은 멜랑콜리가 온 세상을 지배한다. 영원한 겨울여행을 떠나고 싶다.

지난해 크리스마스와 신년 사이에 겨울바람꽃, 영춘화,

가을벚꽃, 풍년화, 올분꽃나무 꽃이 피었지. 날씨는 특별히
온화했다. 그래서 한겨울에 봄이 있었다.

오늘 이토록 추운, 서리 내린 밤에 나는 사랑하는 식물들
과 함께 몹시 고통을 겪었다. 사랑하는 그들과 함께 아팠다.
곧 그들을 죽음의 추위에서 보호해야 할 것이다. 동백나무
는 특별한 보호가 필요하다. 침대 시트로 나무를 덮어야지.
내 정원에는 보호가 몹시 절실한 식물들이 있다. 그들에게
따스함을 주고 싶다. 사랑은 염려이기도 하다. 정원사는 사
랑할 줄 아는 사람이다.

2017년 1월 19일

얼음장처럼 추운, 눈 덮인 밤. 이토록 생명을 위협하는 추위
에도 불구하고 몇몇 겨울꽃들이 피어났으니 기적이다. 풍
년화와 크리스마스로즈가 눈 속에 피었다. 그들은 부활을
찬양한다. 오늘은 나의 부활절. 풍년화 꽃잎이 붉은 보라색
으로 빛난다. 크리스마스로즈는 그 하얀 꽃으로 밤을 환하
게 밝힌다. 눈의 흰빛과 장미의 흰빛을 구분하기 어렵구나.

Ranunculaceae

Helleborus niger

크리스마스로즈 (미나리아재빗과)

크리스마스로즈의 꽃잎들이 충격으로 반쯤 얼었다. 그런데도 영웅적으로 제 모양과 색깔을 유지하고 있다. 밤의 어둠 속에서 수많은 흰 봉오리들이 아름답다. 그들은 겨울의 무無 안으로 **존재**를 불러온다. 그런 만큼 이 꽃들은 **형이상학적**이다. 그들은 무상함에 내맡겨진 자연Physis을 **넘어선다**. 그토록 광채를 내서 겨울의 멜랑콜리를 밀어낸다. 겨울꽃들은 숭고하다 못해 신적이다. 그들은 **내 정원에서 신을 체험하게 하는 것**Numen.

릴케의 묘비에는 이런 말이 적혀 있다. "장미여, 오 순수한 모순Widerspruch이여, 열망이여." 내 정원의 크리스마스로즈는 죽음에 맞선 순수한 모순, 몰락과 붕괴에 맞서 꽃피는 모순이다. 생명에 적대적인 한겨울에 나타난 즐거움, 삶의 즐거움이다. 그들은 거의 **불사의** 존재. 크리스마스로즈는 순수한 **존재의 열망**을 몸으로 드러낸다. 그 꽃은 도취시키는 착란증, 하지만 동시에 겨울 어둠 속에서 멜랑콜릭한 백일몽이다. 이 꽃들은 가을시간너머처럼 내 정원에 경이로운 영원성을 불러들인다.

아직 초록의 얼어붙은 풀밭 위에서 얼음수정들이 동백과

풍년화 사이에서 번쩍인다. 밤하늘의 별들 같다. 행복감에
잠겨 밤의 빛놀이를 바라본다.

한겨울에 꽃들이, 꽃피어나는 생명이 그립구나. 꽃들이
정말 아쉽다. 거의 몸으로 꽃들을 그리워한다. 사랑하는 연
인처럼 꽃들을 갈망한다. 한겨울에 색깔과 형태와 향기가
그립다.

그 사이로 우리가 오늘날 꼭 더 행복해진 건 아니라는 생
각을 한다. 우리는 점점 더 행복의 원천이 될 수 있는 땅에
서 멀어지고 있으니.

2017년 2월 27일

영원히 계속되는, 생명에 적대적인 추위가 지나고 오늘 처
음으로 한겨울에 밝은 봄날이 찾아왔다. 공기와 빛에 특별
한 흔들림이 느껴졌다. 햇살조차도 전혀 다른 느낌. 햇살이
닿은 뺨 위에서 다가오는 약속의 봄이 느껴졌다. 빛은 전혀
다른 강도, 전혀 다른 분위기를 지닌다. **무언가가 변했다.**
이제 겨울바람꽃이 핀다. 이 꽃은 자라고 꽃피는 것이 거의
눈에 보일 정도다. 크리스마스로즈도 잔뜩 피었다. 섬세한

향기를 내는 노란 풍년화는 마법 같다. 겨울꽃들이 벌써 꿀벌들을 불러들인다. 꿀벌은 원래 겨울잠을 자던가? 이들은 한겨울에 그렇듯 갑작스럽게 나타난다. 크리스마스로즈와 겨울바람꽃 주변을 떼를 지어 날아다닌다. 오늘 그 모습에 압도되었다. 무릎을 꿇고 꽃 하나하나에 키스했다. 은색으로 빛나는 복수초 꽃봉오리들에도 키스를 했다.

2017년 3월 2일

오늘 다시 아직 겨울인 정원에 섰다. 이 순간 특히 정원이 그립다. 겨울에 정원은 나의 손길을, 내가 바라보아주기를, 그러니까 내 사랑을 받고 싶어 하기 때문이다. 글자 그대로 겨울정원. 복수초는 은색 비로드 같은 꽃봉오리를 매달았다. 그 아름다움에 정말 압도되었다. 작년에는 복수초가 피지 않았다. 내 정원은 어떻게 해선지 내가 신을 믿게 만들었다. 내게서 신의 존재는 이제 믿음의 문제가 아니라 확실성이고 증거이다. **신이 계시고, 그래서 내가 있다.** 스펀지로 만든 무릎덮개를 기도방석으로 삼았다. 그리고 신께 기도드렸다. "당신의 창조를, 그 아름다움을 찬양합니다. 고맙습니다! 우아합니다!" 생각함은 감사함이다. 철학은 다름 아 닌 미와 선을 향한 사랑이다. 정원은 가장 아름다운 선善, 최고미, 즉 '토 칼론to kalon'이다.

요즘 서울에 머물고 있다. 죽어가는 아버지 곁에 가까이 있 고 싶다.

> 잠자는 얼굴에서
> 파리를 쫓는 것
> 오늘, 마지막으로……

밤이 시작되고 아버지의 병상 곁에 앉아 그릇에서 물을 떠서—그 또한 무의미한 일로 보이지만—그의 입술을 축이는 것 말고는 달리 할 일이 없었다.

20일의 달이 창으로 들어왔다. 사방의 이웃은 모두가 깊 은 잠에 빠졌다. 멀리서 여덟 번 닭 우는 소리가 들렸는데,

그의 숨이 잦아들었다. 잦아들어 이제 거의 느낄 수가 없
을 정도로.

잇사, 〈내 아버지의 마지막 나날〉

오늘 다시 서울의 거룩한 산인 인왕산에 올랐다. 서울은
아직 겨울 날씨. 초록은 없고 사방이 온통 잿빛 콘크리트다.
신령들이 사는 거룩한 산으로 올라가는 길에 피어난 영춘
화를 보았다. 한겨울에 나무는 빛나는 노란색을 피웠다. 겨
울에 꽃피는 이 관목은 분명 산을 좋아한다. 해발 800미터
에서 4,500미터 사이 고지대에서 주로 핀다. 하늘의 선물처
럼 나타난 이 아름다운 만남에 깊은 행복감을 느꼈다. 꽃가
지 몇 개를 꺾어서 거룩한 산의 신령들께 제물로 바쳤다.
오늘날에는 거의 누구도 신경 쓰지 않지만, 신령들은 **계시
다**sind. 이곳 사람들은 돈을 신으로 모신다. 땅, 아름다움,
선은 사라져 완전히 파묻혀버렸다.

2017년 3월 19일

오늘은 다시 아버지의 병상 곁에 있었다. 돌아오는 길에 지

금껏 몰랐던 겨울꽃을 피우는 나무를 만나고 깜짝 놀랐다. 그것은 중국, 한국, 일본에 자라는 아시아의 산수유였다. 그 꽃은 올분꽃나무 꽃처럼 보인다. 나는 꽃가지 하나를 꺾었다. 그런 다음 다시 인왕산의 절로 찾아가서 그 꽃을 부처님께 바쳤다. 오랫동안 부처님 앞에 앉아서 온 마음을 다해 그 꽃에 대해 감사를 드렸다. 절 마당에서 목련이 벌써 봉오리를 맺었다. 거기서 만난 젊은 여승, 비구니들은 마음이 순수했다. 나는 목련에 매달린 작은 종들을 흔들었다. 그것으로 고요함의 음악을 만들었다. 전형적인 한국산 개 두 마리가 아무 걱정 없이 컹컹 짖었다.

2017년 3월 21일

마침내 베를린으로 돌아왔다. 지옥 같은 콘크리트 황무지 서울에 있는 동안 꽃피는 정원이 몹시 그리웠다. 생각은 늘 그곳에 있었다.

내가 최근에 이사 온 집에 안뜰이 있는데, 거기 특히 오래된 올분꽃나무 관목 여러 그루가 있으니 놀랍다. 이것은 지난해 12월에 이미 꽃을 피웠다. 그 향기가 뛰어나다. 안뜰이 온통 그 냄새로 가득 찼다. 올해는 3월에야 꽃을 피웠다. 그 꽃이 나를 맞이해 피어난다.

2017년 4월 2일

체크패모Fritillaria meleagris, 복숭아꽃, 벚꽃, 흰 수선화 꽃이 피었다. 버들강아지도 꿀벌 떼를 불러들인다. 올해 동백은 서리 피해를 입지 않았다. 그 사이로 계속 에리카 꽃이 핀다. 가을벚나무 꽃이 화려하게 피었다. 코카서스 물망초는 그늘에서 푸른색을 낸다. 범의귀Saxifraga[바위취]가 겨울에도 초록색을 지키고 있던 라벤더 관목 곁에 숨어서 피었다. 장미색 꽃을 뿜내는 산벚나무 옆에서 팥꽃나무가 고독하게 꽃을 피우고 섰다. 올해는 붉은색 크리스마스로즈가 핀다. 작년에는 꽃이 피지 않더니만. 분명 그동안 쉬면서 힘을 모았던 게다.

Saxifragaceae

Saxifraga kabschia

바위취 (범의귓과)

산책을 하다가 이탈리아 레스토랑 앞에서 황홀한 향기를 맡았다. 커다란 화분에 놀라운 향기를 내는 관목 한 그루가 서 있다. 내가 모르는 관목이다. 그 옆에 서 있던 손님 말이, 그것이 맥주꽃이란다. 주인은 나무 이름은 모르고 당혹감에서 이탈리아말로 나스트로 아쭈로Nastro Azzuro라고 일러준다. 집으로 돌아와 나스트로 아쭈로라는 이름의 나무를 찾아보았다. 모니터에는 나무 대신 이탈리아 맥주 '나스트로 아쭈로'만 나온다.

향내 나는 이 나무의 이름을 알아내려고 오래 애썼다. 아이의 손처럼 생긴 그 잎사귀가 이름을 찾는 데 도움이 되었다. 그것은 일종의 산사나무였다. 내게는 여전히 나스트로 아쭈로라는 이름으로 남았다.

별목련Magnolia stellata이 화려하게 하얀색을 뿜낸다. 일본산 황매화는 노란색을 자랑하고. 체크패모 꽃이 내 정원의

그늘진 부분에서 마법을 발산한다. 이른 봄 진달래가 장밋
빛 꽃을 낸다. 장미는 싹이 난다. 장미 잎사귀들은 아름다
운 광채를 갖고 있다. 올해는 아마 멋지게 피어날 게다. 장
미는 꽃피기를 좋아하니까. 푸른 장미 '노발리스'가 특히
고대된다.

2017년 4월 15일

벚꽃과 노랑자두나무가 화려하게 꽃을 피운다. 둘은 꽃이
비슷하다. 그들은 차가운 4월의 밤을 밝히고, 거의 구원한
다. 지난해 노랑자두는 맛이 아주 훌륭했다. 흙에서 나온 고
귀한 달콤함. 튤립도 울타리 저편에서 피고 있다. 튤립은 꽃
의 성실함, 일종의 꽃피는 힘을 갖는다. 지치지 않고 듬직하
게 피어난다. 가을시간너머는 튼튼한 초록 잎을 가졌지만
여름이면 모조리 시들어 떨어졌다가 가을에 화려하게 꽃핀
다. 사과나무 꽃봉오리는 불그레하지만 꽃은 흰색이다.

몹시 추운 밤. 늦서리에도 불구하고 내 정원에서는 거의 기적처럼 그 어떤 식물도, 꽃도 얼어 죽지 않았다. 내 사랑으로 그들을 따뜻하게 해주었거든. 사랑은 온기, 그렇다, 마음의 온기, 가장 차가운 서리에도 꿋꿋이 맞설 수 있게 해주는.

처음으로 라일락이 피었다. 보라색 꽃. 단정하고 고귀한 향기를 풍긴다. 사과나무 꽃도 피었다. 해 뜨기 반시간 전에 아침 여명이 시작된다. 내 정원은 슐라흐텐호수Schlachten-see 근처에 있는데, 이른 아침에 호수는 붉은 잿빛으로 반짝인다.

나팔꽃은 단순히 좋은 소식만 전하는 게 아니라 잃어버린 사랑과 정절도 뜻한다. 정절이란 꽃말은 전설에 근거한다. 어떤 유명한 화공이 아주 아름다운 아내를 얻었다고 한다. 그녀가 아름답다는 소문이 원님의 귀에까지 들어갔다. 원님은 화공에게서 그 여인을 빼앗기로 마음먹었다. 그래서 화공에게 죄를 씌워 감옥에 가두었다. 사랑하는 여인이 그리워 화공은 미쳐버렸다. 나중에 그는 자기 집에 틀어박혀 그림만 그리다가 제가 그린 그림들 곁에서 죽었다. 죽고 나서 그가 부인의 꿈에 나타났다. 그리운 사람이 왔나보다 싶어 그녀가 창문을 열자 집 앞에는 나팔꽃이 활짝 피어 있었다.

2017년 5월 14일

오늘 정원에서 상처를 얻었다. 오른손 안쪽에 하트 모양의 긁힌 상처가 남았다. 통증이 매우 심하다. 하지만 나도 '잡초'를 아프게 했다. 나도 잡초를 뽑았으니. 정원사인 만큼 나는 정원에서 무엇이든 멋대로 자라지 못하게 해야 한다. 일부 데이지 꽃은 아름답다. 그들은 정원에서 없애지 않을 것이다. 하지만 매우 파괴적이고 멋대로 번성하는 일부 식물에 대해선 혐오감을 품는다. 이들은 고귀하고도 허약한 식물들을 몰아내고 파괴한다. 특히 한 종류의 클로버가 싫다. 그것은 심지어 내 꿈과 백일몽에도 나타나서 나를 괴롭힌다. 그것들은 없앨 수가 없다. 어디서나 지나치게 번성한다. 마치 피부암처럼 번진다. 클로버는 땅 위로 올라온 잎사귀를 없애는 것만으로는 충분치 못하다. 그 뿌리를 뽑아내야 한다. 매우 힘든 작업이다.

2017년 5월 18일

진달래가 처음으로 피었다. 오늘 병든 장미를 보살폈다. 잎들이 안으로 말려든다. 장미잎말벌 유충 탓이다. 아름다운 층층나무Cornus를 심었다. 다시 아침 동이 틀 때까지 정원에 있었다. 노랗게 빛나는 금작화의 수많은 꽃들이 밤을 밝혀주고 나를 행복하게 해주었다.

2017년 5월 26일

아름다운 여름날. 장미들이 피기 시작한다. 행복을 주는 빛의 따스함 속에 잠겼다.

어째서 장미가 가시를 갖느냐고? 아름다운 장미는 경외심에서라도 건드리지 말아야지. 나는 그들에게 조심스럽게 다가가 놀라움과 존경심에 가득 차서 장미 위로 몸을 굽힌다. 그들을 건드리지 않을 것이다. 그 아름다움은 거리를 두라 명령하는 것이니.

여행에 지쳤는데……
숙소를 구하는 대신
저기 등나무!

마쓰오 바쇼

장미는 도취한 듯이 꽃 피어난다. 무거운 꽃봉오리로 가지들 몇이 아래로 처졌다. 개양귀비가 정원 입구에 피어 있다. 올해엔 정원에 양귀비가 많다. 검은색 겹양귀비Papaver paroniflorum가 특히 매혹적이다. 노란 나리꽃이 다시 듬직하게 피어난다. 이들은 꽃피기를 매우 좋아한다. 인동초가 보라색 꽃을 피웠다. 그 꽃은 장난스런 기품을 지녔다.

옥잠화가 핀다. 이 꽃들은 나를 행복하게 하고 도취시킨다. 향기옥잠화는 아직 피지 않았다. 이렇듯 서로 다른 옥잠화 잎들이 아름답다. 실은 아주 소박한 꽃들보다 잎이 더 아름답다.

죽은 버들을 정원에서 들어냈다. 내 애인이었던 가장 아름다운 나무를 죽인 저 고약한 설치류를 다시금 거의 충심으로 저주했다. 그것은 잔인한 살상이었으니까.

Papaveraceae

Papaver paeoniflorum

겹양귀비 (양귀비과)

선선한 여름날. 나는 더위가 싫다. 노루오줌이 빛을 낸다. 물레나물 꽃이 노란색으로 빛난다. 꽃밭은 잡초를 없애 깨끗해졌다. 그런 만큼 형태가 더욱 분명하다.

여름밤의 반호수Wannsee는 짙푸른 빛을 낸다. 보랏빛 참제비고깔이 솟아나와 장미마저 능가한다. 지금은 밤이 아주 짧다. 완전히 어두워지지도 않는다. 언제나 어딘가 먼 지평선에 희미한 빛이 남아 있다. 이 밝은 밤이 아름답다. 체리를 수확했다. 태양의 맛이 난다. 검붉은 딸기는 맛이 아주 훌륭하다. 가게에서 사는 딸기와는 다르다.

밤의 꽃잔치가 행복하구나. 이 한여름에 좋은 냄새가 나는 수련을 넣고 뜨거운 목욕을 했다. 산수국Hydrangea aspera이 처음으로 봉오리를 맺었다. 이 관목은 2년 동안 병들어 있었다. 나는 사랑으로 보살폈다. 그리고 지금 관목은 내 사랑에 보답을 한다.

올리브나무가 꽃핀 것은 오늘 처음 보았다. 이탈리아가 아
니라 이곳 베를린의 이웃 이탈리아 사람의 뜰에서. 올리브
나무가 쇠네베르크에서 꽃을 피웠다. 그렇다, 쇠네베르크에
서. 나무들은 레스토랑 앞에 여러 화분에 담겨 있었다. 밖에
서라면 춥고 사나운 베를린의 겨울을 견디고 살아남지 못
할 것이다. 올리브 꽃은 매우 작다. 번식력 있는 수국 꽃과
비슷하고 수국처럼 산형 꽃차례다. 버섯을 넣은 파스타는
맛있었다. 샐러드에 들어간 연초록 이탈리아 올리브 또한.

노랑자두나무에 그물을 쳤다. 맛있는 자두열매를 새들에게
서 지킬 셈이다. 2년 전에 새들은 내가 느리게 여무는 것을
지켜보려고 했던 포도를 남김없이 쪼아 먹어버렸다. 새들
은 베리 종류에 대해서는 몹시 식탐을 부린다. 하지만 올해
는 이상하게도 모든 베리가 무사하다. 새들이 오지 않은 것
이다. 그래서 다시 몹시 슬프고도 불안했다. 나의 새들아,

이리 오너라, 여기 맛있는 베리들이 많단다. 올해는 꿀벌도 조금밖에 오지 않았다. 머지않아 나비라일락이 피어서 아름다운 나비들을 유혹하기를 간절히 바란다. 나비라일락은 올해는 1미터 높이로 자랐다. 원추리 꽃이 화려하게 무성하다. 노랗고 빨간 색으로 **빛난다**. 그렇다, '**빛난다**leuchten'는 말은 꽃피는 원추리를 위한 동사다. 장미는 빛나지 않는다. 장미는 다른 동사를 요구한다. 광채를 내뿜는다strahlen고 할 수도 없다. 아네모네나 밀짚꽃은 광채를 내뿜는다. 그럼 장미는? 장미는 반짝이지도glänzen 않는다. 약간 멈추어 있기 때문이다. 장미는 뒤로 물러선 자세다. 장미의 화려함의 비밀이 거기 있다. **장미는 장미한다. 장미하다**rosen가 장미를 위한 동사다.

릴케는 장미와 천사를 사랑했다. 내 정원엔 수많은 장미들이 있다. 이들은 내 눈을 섬세하게 풀어준다. 정원 입구에 천사상 둘이 서 있다. 그들이 나의 장미정원을 보호한다. 릴케는 장미에 대한 시를 많이 썼다.

장미여, 오 순수한 모순이여,
수많은 눈까풀 아래

그 누구의 것도 아닌 잠이 되고 싶은 열망이여.

장미들로 이루어진 밤, 수많은 수많은
환한 장미들로 이루어진 밤, 장미들로 이루어진 환한 밤,
천 개 장미눈까풀들의 잠.
환한 장미-잠, 나는 너의 잠자는 자.
네 향기들의 환한 잠자는 자, 네 서늘한
내면성의 깊은 잠자는 자.

그럼 마치 꽃잎이 꽃잎을 건드리기에
감정 하나 생겨나는가?
그리고 이것은, 감정 하나가 눈까풀처럼 열리고
그 아래 순전히 눈까풀, 감긴 눈까풀들이
있는 건가, 마치 열 배나 잠자면서
내면의 시력을 약화시키기라도 하는 듯.

　지금 이 순간 릴케의 이 장미 구절들을 사랑한다. 잠을
이룰 수 없기 때문에, 깊지만 환한 잠, **장미 잠**을 갈망하기
때문이다. 나는 기꺼이 잠들어 그 누구도 아닌 사람, 이름
없는 사람이 되고 싶다. 그것은 구원이리라. 오늘날 우리는

오직 에고[나 자신]에만 열중해 있다. 누구나 큰 소리로 누군가가 되고자 하고, 누구나 진짜가 되고자 하며 다른 사람과는 달라지고자 한다. 그런 점에서 그들은 모두 같다. 나는 이름 없는 사람들이 그립다.

하이데거는 유명한 휴머니즘 편지에서 이렇게 쓴다.

> 인간이 한 번 더 존재 가까이에 있어야 한다면, 그보다 먼저 이름 없는 자로 존재하기를 배워야 한다. 공공성을 통한 유혹이나 사적인 것의 무력함을 동일한 방식으로 깨달아야 한다. 인간은 발언하기 전에, 먼저 존재Sein가 다시 자기에게 말 걸게 해야 한다. 정작 말 걸어오면 거의 할 말이 없는, 또는 드물게만 할 말이 있는 위험을 무릅쓰고라도.

우리는 오늘날 모두 특별한 존재이기에 할 말이 너무 많고, 소통할 것이 너무 많다. 우리는 고요함과 침묵을 잊었다. 나의 정원은 고요함의 장소. 정원에서 나는 고요함을 만든다. 나는 휘페리온처럼 귀 기울여 듣는다.

대기의 섬세한 파도가 내 가슴을 둘러싸고 놀면, 나의 전체 본질은 입을 다물고 듣는다. 먼 푸르름에 깊이 빠져서 나는 종종 저 너머 에테르에 가서 닿도록, 그리고 저 거룩한 바닷속까지 들여다본다. 그러면 마치 유사한 정신이 내게 팔을 벌리는 듯하고, 마치 고독의 아픔이 녹아 신神의 삶이 되는 것만 같다. 하나가 모두와 합쳐짐, 그것이 신의 삶이요, 그것이 인간의 하늘이다.

디지털화가 소통의 소음을 높인다. 그것은 고요함을 없앨뿐더러 촉각의 것, 물질적인 것, 향기, 향내 나는 색깔, 특히 땅의 무게를 없앤다. 인간Human은 후무스humus, 곧 땅으로 돌아간다. 땅은 우리를 행복하게 하는, 우리의 공명공간이다. 우리가 땅을 떠나면 행복도 우리를 떠난다.

아날로그는 촉각의 것과 밀접한 관계가 있다. 그것은 만질 수 있고 볼 수 있다. 화가 페르메이르Vermeer에 대한 영화 〈진주 귀고리를 한 소녀〉에는 색깔을 섞는 아름다운 장면들이 있다. 주인공 남자는 물질의 아름다움에 대해 몽상한다. 색깔들이 생산되어 이국의 양념가게에서처럼 팔리는 것을 바라보기가 더할 나위 없이 좋다. 페르메이르 푸른색,

울트라마린Ultramarin을 만들어내는 푸른 크리스털은 가히 신적이다. 페르메이르가 이용하는 색깔들은 인공적으로 만들어낼 수가 없다. 그 색깔들은 돌에서 나온다. 마치 양념처럼 갈아 만든다. 양념처럼 마치 먹을 수도 있을 것처럼 보인다. 한데 섞어서 가루와 연고로 만든다. 물질의 견고함 또한 신비롭다. 포도로 만든 염료 하나는 포도에칭Weinätze이라 불린다. 어떤 색소는 딱정벌레 똥에서 얻어진다. 어떤 색소는 올리브기름처럼 보이지만 실은 황소오줌으로 만들어진다. 색깔들은 향내가 난다.

디지털화는 결국은 현실 자체를 없앤다. 또는 현실은 디지털 내부에서 현실성을 빼앗기고 하나의 창이 된다. 머지않아 우리 시야는 3차원 디스플레이와 같아질 것이다. 우리는 점점 더 현실에서 멀어진다. 나의 정원은 내게는 **다시 찾은 현실**이다.

2017년 6월 30일

어제 베를린에 그야말로 세기의 비가 쏟아졌다. 베를린은 섬 풍경으로 바뀌었다. 그토록 심한 비가 온 다음 정원으로

나갔다. 내 사랑하는 식물들 걱정을 많이도 했다. 하늘은 아직 잿빛. 반호수는 잿빛으로 반짝였다. 비는 분명 내 식물들에 아무런 해도 끼치지 않았다. 식물들에겐 오히려 좋았던 모양이다. 모두들 번성하고 화려하게 피어 있다. 수국은 숨이 멎을 정도로 아름다운데, 특히 나무수국 '바닐라딸기 Vanille Fraise'가 아름답다. 오늘 정원은 풍성한 아름다움으로 나를 취하게 했다. 정원은 사치다. 장미만 고개를 떨어뜨렸다. 나머지 모든 식물은 초록색을 내며 화려한 꽃을 피웠다. 옥잠화 꽃들이 빵빵하다. 빗속에서 옥잠화들은 원기를 회복하고 생명을 얻고 행복해 보였다. 분명 비를 좋아하는 게다.

2017년 7월 1일

번식 꽃을 지닌 나무수국이 혼을 뺏을 듯 아름답다. 산수국 꽃이 처음으로 피었다. 산수국은 지난 2년 동안 병들어 있었다. 올해 산수국 주변의 흙을 완전히 갈아주고 거름도 주었다. 이제 나무는 꽃피울 힘을 얻었다. 나는 그늘에 자라는 식물들이 좋다. 하지만 장미도 좋다. 나와는 달리 장미는 태

양을 사랑한다. 내 본질은 분명 태양처럼 밝은 것이 아닌
모양이다. 나는 그늘에, 밝은 그늘에, 그림자 진 빛 속에 머
물기를 좋아한다. 옥잠화는 신비로움, 이루 다 파헤칠 길이
없는 깊이가 있다. 나는 기꺼이 나 자신을 옥잠화나 수국과
동일시한다.

2017년 7월 10일

밝은 반달이

늙은 소나무 사이로 내다본다.

케이퍼 꽃이 조용히 피고 있다.

　[에발트 반제Ewald Banse,《동양책Das Orietnbuch》에서]

사랑하는 반호수의 정원을 2주 예정으로 떠나 다시금 지중
해Mediterran 풍경에 머물고 있다. 지중해란 문자 그대로는
'땅 한가운데'라는 뜻이다. 그러니 나는 이곳에서 땅에 특히
가까이 있다. **땅에 가까이**란 행복을 주는 것. 하지만 디지털
미디어는 이런 땅을, 이 아름다운 신의 창조물을 파괴한다.
나는 '땅의terran' 질서를 사랑한다. 그것을 떠나지 않을 것

Moraceae

Morus rubra

뽕나무 (뽕나뭇과)

이다. 이렇듯 소중한 신의 선물을 향해 깊은 충절, 깊은 결속의 감정을 느낀다. 내 생각에 종교란 다름이 아니라 나를 자유롭게 해주는 이런 깊은 결속이다. 자유롭다는 것은 이리저리 돌아다니거나 아무 구속도 없다는 뜻이 아니다. 내게 자유란 지금으로서는 **정원에 머물기**라는 뜻이다.

이곳 정원 입구에는 아주 오래된 나무 한 그루가 서 있다. 그것이 나무딸기라는 것을 알고 깜짝 놀랐다. 이때껏 나무딸기란 그냥 관목이라고만 생각했었다. 그러니 수백 년은 되어 보이는 이 나무딸기나무가 **낯설게 아름답다**. 이 나무는 내게 몹시 행복감을 준다. 그 모습만으로 벌써 치유하고 풀어주면서 구원하는 작용까지 한다. 나무딸기는 도금양, 월계수, 계피나무와 나란히 에덴동산에서 자랐을 거라고 생각한다. 그러니까 나도 《휘페리온》의 풍경 가운데 있는 셈이다.

나무딸기 곁에서 하루 종일, 그리고 밤새도록, 새벽 동이 트기까지 앉아 있다. 이 나무 곁에는 (지금 나는 베수비오산 근처의 언덕에 머물고 있는데) 아주 오래된 올리브나무가 있다. 오두막은 부겐빌레아 생울타리로 둘려 있다. 그 꽃은 수국꽃과 아주 비슷하다. 사람들이 흔히 부겐빌레아 꽃이라 여기는 것은 실은 빛나는 보라색의 잎사귀다. 화려한 색으로 빛나는 이 가짜 꽃잎사귀를 포엽이라고 한다. 이런 포엽이 두세 개의 아주 작은 흰색 꽃을 둘러싸고 있다. 수국과는 달리 부겐빌레아 꽃은 태양을 좋아한다. 태양을 거의 열망한다. 부겐빌레아는 자극적으로 아름답지만 신비롭지는 않다. 감추어진 깊이가 없다. 나는 수국이나 옥잠화 같은 그늘 식물을 사랑한다. 내가 없는 동안 나의 향기옥잠화가 피고 있을 것이다.

베수비오산과 나폴리만의 장엄한 풍경을 바라보며 거의 매일 캄파냐 지방에서 생산된 붉은 포도주 '라크리마 크리스티Lacryma Christi', 곧 '그리스도의 눈물'을 마신다. 이는 베수비오의 와인. 나는 천천히 그리스도의 고통을 이해한다. 하지만 역시 캄파냐 지방의 와인 안젤리코Angelico도 사랑한다. 그것은 천사의 맛을 지녔다. 이곳 화산의 경사면에는 포도원들이 자리 잡고 있다. 옛날 이곳에 지어진 수도원의 수도사들이 포도즙을 짰다. 포도주는 **거룩하다**고 할 만한 깊은 맛을 지닌다. 내 오두막 곁에도 포도원들이 몇 있다.

내가 소리치면 천사의 질서에서 **그 누가** 내 소리를
들으랴? 그리고 설사 한 천사가 갑자기 나를

가슴에 받아들인다 할지라도: 나는 더 강한 그 존재에
의해 시들고 말 것을. 아름다움이란 우리가 지금도
견디는 두려움의 시작에 지나지 않는 것이니,
그리고 우리는 아름다움을 보고 경탄한다, 아름다움이 우릴
파괴하기를 태연히도 거부하므로. 모든 천사는 무섭다.

라이너 마리아 릴케, 〈두이노의 비가〉

거룩한 산을 쓰레기 처리장으로 여겨 불태우는, 신을 안
믿는 나폴리 사람들을 신이 벌주고, 폼페이에서 그랬듯이
검은 재로 그들을 질식시킬 것이다. 신의 형벌은 잔인하지
만 치유력을 갖는다. 다시 베수비오가 **지배할**walten 것이
다. 산의 폭력Gewalt은 인간의 그것과는 다르다. 그것은 **정
화하는** 것이다. 나는 신을 잃어버린 그리스 사람들 사이에
서 휘페리온이 느낀 고통을 이해한다. 제단 앞에서 단눈치
오의 시 'Ho pergato a lungo[나 오래 기도했네]'라는, 땅에
대한 신적인 노래를 읊었다.

바닷가에서 다시 깨어나는 빛, 아침노을을 바라보는 것
은 도취시키고 행복하게 해주는 일이다. 베수비오가 깨어
난다. 산은 아직 연기에 휩싸여 있다. 산이 불탄다.

바닷가의 내 오두막으로 가는 오솔길 가장자리에 케이퍼

관목들이 자란다. 또한 담벼락에서도 솟아나온다. 케이퍼 꽃들은 마법처럼 아름답다. 그들은 그야말로 **광채를 내뿜는 다**. 미모사도 비슷한 꽃을 낸다. 미모사는 수줍어서 숨은 곳에서 빛을 낸다.

케이퍼 열매는 내가 좋아하는 음식의 하나다. 케이퍼 열매를 따서 베를린으로 가져갈 셈이다. 여러 달 동안 와인식초에 담가 숙성시켜야 한다.

베수비오산을 바라보며 나는 매일 바흐의 〈골드베르크 변주곡〉을 연주했다. 바닷가 나의 오두막에 피아노 한 대를 들였다. '호루겔Horugel' 상표. 하지만 이탈리아 사람들은 자음 'h'를 발음하지 않는다. 나폴리의 피아노 대여업자는 전화로 피아노를 '오르겔Orgel[오르간]'이라고 말했다. 나는 피아노가 필요하지 오르간이 필요한 게 아니라고 대답했다. 피아노는 그런대로 소리가 괜찮다. 하지만 깊이와 내면성이 없다. 바닷가 나의 정원에서 매일 바흐를 연주한다.

지중해 풍경은 친밀하다. 내 가장 깊은 내면을 건드린다. 검은 새의 날갯짓이 나를 관통한다. 그것이 내 마음 깊은 곳을 건드린다. 이곳에서 모든 것은 아주 가깝고 아주 친밀하다intim. 인티무스Intimus란 말은 속inter(내면)이란 낱말의 최상급. 나는 풍경 한가운데 있다.

Nyctaginaceae

Bougainvillea

부겐빌레아 (분꽃과)

이탈리아에서 처음으로 강연을 했다. 처음에 이탈리아어로 가브리엘레 단눈치오의 'La pioggia nel pineto(소나무 숲에 내리는 비)'를 낭송했다.

Taci. Su le soglie

del bosco non odo

parole che dici

umane; ma odo

parole più nuove

che parlano gocciole e foglie

lontane.

Ascolta. Piove

dalle nuvole sparse.

Piove su le tamerici

salmastre ed arse,

piove su i pini

scagliosi ed irti,

piove su i mirti

divini,

su le ginestre fulgenti

di fiori accolti,

su i ginepri folti

di coccole aulenti,

piove su i nostri volti

silvani,

piove su le nostre mani

ignude,

su i nostri vestimenti

leggieri,

su i freschi pensieri

che l'anima schiude

novella,

su la favola bella

che ieri

t'illuse, che oggi m'illude,

o Ermione.

침묵하라. 숲의

입구에서 나는 네가

하는 인간의 말을

듣지 않는다. 나는

멀리 떨어진 물방울과 나뭇잎 이야기를 들려주는

새로운 말을 듣나니.

들어보라. 찢긴

구름에서 비가 내린다.

소금기 있는 메마른

에셀나무 위로

비가 내린다.

비늘과 가시가 있는 소나무들 위로

비가 내린다.

거룩한 도금양 위로,

반짝이는 금작화의 수많은 꽃들 위로

향기로운 열매 가득 매단 향나무 위로

비가 내린다.

숲 같은 우리 얼굴 위로

비가 내린다.

우리의 맨손 위로

우리의 가벼운 옷 위로

새로운 정신을 일깨우는

순수한 생각 위로,

어제 네게 마법을 걸고, 오늘 내게 마법을 거는

아름다운 동화 위로

비가 내린다.

오 에르미오네.

Odi? La pioggia cade

su la solitaria

verdura

con un crepitío che dura

e varia nell'aria

secondo le fronde

più rade, men rade.

Ascolta. Risponde

al pianto il canto

delle cicale

che il pianto australe

non impaura,

nè il ciel cinerino.

E il pino

ha un suono, e il mirto

altro suono, e il ginepro

altro ancóra, stromenti

diversi

sotto innumerevoli dita.

E immersi

noi siam nello spirto

silvestre,

d'arborea vita viventi;

e il tuo volto ebro

è molle di pioggia

come una foglia,

e le tue chiome

auliscono come

le chiare ginestre,

o creatura terrestre

che hai nome

Ermione.

듣고 있니? 버려진 초록 위로

비가 내린다.

잎사귀가 두툼한지

덜 두툼한지에 따라

저 위에서 바뀌는 끝없는 찰방거림 소리.

들어보라. 빗소리에

대답하는 것은

남쪽 바람소리도

잿빛 하늘도

물리치지 못하는

매미들의 노래.

수없이 많은 손가락 터치를 받아

다양한 악기들, 소나무가

소리를 내고 도금양은

다른 소리를, 향나무는

다시 다른 소리를 낸다.

그리고 우리는 숲의 정령 안에

삼겨져서

나무처럼 살아 있네.

네 젖은 얼굴은

빗방울이 꽂힌

잎사귀 같아,

네 머리카락은

빛나는 금작화 향기를

퍼뜨린다,

나 숲의 요정 너,

에르미오네라는 이름을 지닌.

　이 시는 원래는 나의 극영화 〈침입한 남자〉의 주인공이 낭송하도록 되어 있었다. 하지만 그는 낭송을 제대로 하지 못했다. 오늘 나는 단눈치오의 시를 이탈리아어로 **노래했다**. 이 시는 **땅의 노래**다. 이것은 **노래로 불러야** 한다.

2017년 7월 17일

오늘은 산타 키아라Santa Chiara 수도원에 갔다. 손으로 그림을 그린 마욜리카Majolika 도기들로 장식된 고요한 십자가 고행로[수도원이나 성당에서 예수의 십자가 고난 길을 따라가며 묵상하고 기도하도록 되어 있는 회랑 또는 안뜰]에 오래된 오렌지

Capparaceae

Capparis spinosa

케이퍼 (풍접초과)

나무 한 그루가 서 있었다. 떨어진 오렌지 하나를 땅바닥에서 주웠다. 향기가 진동했다. 이것을 베를린으로 가져가서 나폴리 땅을 기억하고 싶다. 하지만 신을 잃어버린 인간들이 내뿜는 배기가스가 향기로운 땅을 악취로 가득 채운다.

대성당에서 프란체스코회 수도사 한 사람이 내게 축복을 해주었다. 그의 이름은 주세페Giuseppe. 우리는 서로 포옹했다. 나의 세례명은 알베르토Alberto. 이탈리아에는 알베르토라는 이름이 흔하다. 나폴리의 택시 기사 한 명도 알베르토였다. 그는 8월 7일이 내 이름의 날이라고 일러주었다. 그것을 잊어서는 안 된다고. 한국의 성당에서 나는 알베르토라고 불렸다. 성당은 나의 집 바로 옆이었다. 나는 신앙 속에 태어났다, 아니 **안착**했다. 나는 매일 로사리오 기도를 올렸다. 제단을 꽃으로 장식하던 수녀님은 낮이면 집 앞 계단에 앉아 놀던 나와 누이에게 언제나 꽃을 주곤 했다. 그래서 우리는 그녀를 꽃수녀님이라 불렀다. 그녀는 아름답고 **선했다**.

산타 키아라 광장의 대성당에서 나는 제단에서 밝게 빛나는 성령으로 완전히 충만했다. 이곳 사람들은 빛을 꺼리거나 아니면 빛에 대해 눈이 멀었다. 관광객들은 제단 앞에서, 원래는 자신을 잊게 해주는 성령님 앞에서 셀카를 찍어

댄다. 성령은 사랑이며 화해다. 나는 배려심이 없는 이들 관광객들을 쫓아내려고 해보았다. 일부 사람들이 나의 분노에 격하게 항의했다. 나는 예루살렘 사원 산에서 장사치들을 쫓아낸 예수가 이해가 된다. 돈이 정신을 망친다. 땅은 귀하고 돈으로 살 수 없다. 하지만 사람들은 돈 때문에 땅을 망가뜨린다. 얼마나 수치스런 일인가!

2017년 7월 20일

이른 새벽 정원을 돌아다니며 식물을 관찰하는 것이 좋다. 식물의 숭고함에 거듭 놀란다.

담쟁이를 좋아한 적이 한 번도 없었다. 이 덩굴식물은 무덤과 담장을 뒤덮고 무성하게 자란다. 나는 그늘식물을 좋아하기는 해도 밝게 빛나는 것들만 좋아한다. 노루오줌은 장밋빛으로 빛난다. 담쟁이에는 그런 빛나는 힘이 없다고 지금껏 생각해왔다. 바닷가 정원의 담쟁이는 그 빛나는 하얀 꽃 덕분에 전혀 다른 조명을 받고 나타난다. 지금까지 담쟁이는 짙푸른 초록 잎이 있을 뿐 꽃이 피지 않는다고 생각했다. 오늘에야 꽃핀 담쟁이를 보고 그 아름다움에 경탄

했다. 담쟁이는 빛을 낸다. 아직 피지 않은 꽃봉오리들은 비단 광채를 지닌 솜털 하나를 갖는다. 나는 담쟁이에 혹했다. 이제는 그 감추어진 광채를 사랑한다.

고대에 담쟁이는 술 취함의 상징이었다. 플라톤의 대화편 〈향연〉에서 담쟁이가 취함과 연관되었다는 것이 기억난다.

알키비아데스가 나타난다. 술에 취한 채 담쟁이와 제비꽃 화환을 쓰고(디오니소스 상징물) 머리에 리본 장식을 하고서, 밤의 환락을 쫓는 자들과 연회 처음에 쫓겨난 여성 피리연주자를 대동하고서.

담쟁이는 파괴할 수 없이 강하다. 또한 사랑과 정절의 상징이기도 하다. 트리스탄과 이졸데는 사랑의 죽음 다음에 따로따로 매장되었다. 하지만 그들의 무덤에서 담쟁이 넝쿨이 자라더니 둘을 다시 사랑으로 결합시켰다고 한다. 담쟁이는 특별한 삶의 리듬을 갖는데, 그것이 내게 담쟁이에 호감을 갖도록 해주었다. 담쟁이는 여러 해가 지난 다음에야 겨울까지 꽃이 핀다. 그 꽃은 벌과 나비를 유혹한다. 검붉은 화려함을 지닌 아름다운 유럽큰멋쟁이나비Vanessa atalanta는 담쟁이 꽃을 유독 사랑한다.

케이퍼 열매들이 갑자기 빨갛게 되더니 마치 취한 듯이 툭 벌어졌다. 그 안에 든 씨앗들은 검다. 붉은 케이퍼 열매 몇 개를 따서 매우 미끈미끈한 점액질에서 씨앗들을 꺼냈다. 이 씨앗들이 담장에 기대 싹을 틔우기를 기대한다. 하다못해 그냥 한 해 여름만이라도. 이들은 아마도 베를린의 겨울을 견디지 못할 테니까.

내 정원에서 멀리 떠나 이때껏 언급되지 않은 몇몇 식물들의 이름을 부르고 싶다. 장밋빛 꽃봉오리를 가진 한국 원산 올분꽃나무인 분꽃나무Viburnum carlesii를 심었다. 거기서 멀지 않은 곳에 일본산 금송Sciadopitys verticillata이 서 있다. 이 나무는 오랫동안 멈추어 있다가 올해 눈에 띄게 굵어졌다. 새싹은 연초록. 흰색 투구꽃Aconitum napellus도 아름답다. 물싸리Potentilla fruticosa는 믿을 수 없는 아름다움을 지녔다. 돌들 사이 햇볕 잘 드는 구석에서 범의귀들도 잘 자란다. 이들은 돌을 좋아한다. 범의귀는 말 그대로 돌을 깨뜨리는 바위취속 식물. 중국산 작살나무Callicarpa bodinieri도 보라색 진주처럼 반짝이는 정말 아름다운 열매를 매단다. 식물원에 있는 다년생풀 시장에서 한국산 바질인 약모밀Houttuynia cordata을 샀다. 이것은 독특한 비린내를 풍긴다. 원래는 도룡뇽꼬리, 또는 도마뱀꼬리라는 이름이다.

정원 구석에는 진달래가 서 있다. 이른 봄에 피는 꽃이 매우 아름답다. 그늘에서는 얼레지Erythronium dens-canis가 핀다. 이것은 백합과에 속하는 식물이다. 석회석 함지 옆에 심은 사초Carex baldensis도 매우 기품이 있다. 한동안 이 돌 함지 안에는 일본산 금붕어 두 마리가 살았지만 겨울이 오기 직전에 반호수에 풀어주었다. 정원의 그늘진 곳에는 금낭화Dicentra spectabilis가 빛을 낸다. 내 정원에는 여러 종류의 허브들이 있다. 선갈퀴, 백리향, 고수풀, 민트, 바질, 파슬리 등. 라벤더는 파괴할 수 없이 질긴 식물이다. 늦가을까지 꽃이 핀다. 겨울이면 나는 라벤더 잎사귀를 손가락으로 비벼서 냄새를 맡곤 한다. 그 향기가 마음을 진정시킨다. 또한 올리브풀인 산톨리나 비리디스Santolina viridis의 향기도 좋다.

2017년 7월 23일

___

베수비오산은 다행히도 더는 불타지 않는다. 산은 다시 그

Saururaceae

Houttuynia cordata

약모밀 (삼백초과)

또렷한 윤곽을 드러낸다. 나는 매일 베수비오 방향으로 헤엄을 친다. 바다와, 수평선에 나타난 베수비오 주변의 높고 검은 산들을 보는 것은 매우 행복한 일이다. 두 발을 따뜻한 모래로 덮고 모래에 있는 작은 조개껍질들을 손가락 사이로 비빈다. 도마뱀들이 잽싸게 담을 넘어간다. 그들은 분명 땅과 땅의 온기를 좋아한다.

오늘은 노란 부리를 가진 갈매기 한 마리 뒤를 따라 헤엄쳤다. 새는 편하게 물 위에 앉아 있었다. 내가 건드리려 하자 날아가버렸다. 갈매기는 매우 기품 있는 새다.

2017년 7월 25일

다시 베를린으로 돌아왔다. 나폴리 바닷가의 정원에서 신의 온기를 느꼈다. 처음에 내가 나무딸기라 여겼던 늙은 오디나무는 하나의 축복이었다. 그것은 내게 행복을 주었다. 바닷가에 머문 것은 아름답고도 **진정되는** 일이었다. 다만 나폴리를 뒤덮은 찌르는 듯한 인간적인, 너무나 인간적인 것의 악취가 자연의 향기로운 고요함을 방해했다.

거기서 따온 케이퍼 열매를 얼른 식초에 절여야 한다. 원래 케이퍼는 봉오리인데, 봉오리는 물론 케이퍼 열매보다 맛이 더욱 섬세하다. 다만 냄새만은 똑같다.

돌아오는 비행기에서 영원한 얼음사막 위를 날고 있다는 느낌이 들었다. 띄엄띄엄 솟아오르는 구름들이 빙산처럼 보였다. 베를린으로 돌아오는 길은 특별한 종류의 겨울여행이었다.

한밤이 되기 직전에 마치 2주 동안 홀로 남겨두었던 사랑하는 딸에게로 달려가는 사람처럼 반 호숫가의 내 정원으로 달려갔다. 다음날 아침까지 기다릴 수가 없었다. 정원에 대한 의무감과 사랑을 느꼈다.

베를린에서 이런 엄청난 폭우는 겪어본 적이 없다. 마치 폭포처럼 비가 쏟아졌다. 2주나 비를 겪지 못한 다음이라 내게는 기분 좋은 비였다. 그토록 드문 비가 단눈치오에게는 저 '라크리마 크리스티'만큼이나 특별한, 신적인 가치를 가졌을 거라는 생각이 들었다. 그러니 비는 축복일 수도 있다.

숲들은 쉬고
냇물은 쏟아지고
낭떠러지는 버티고
비는 흐른다.

들판은 기다리고
샘물은 솟구치고
바람은 거기 살고
축복은 생각에 잠긴다.

바람이 거기 산다고? 그건 아니지. **바람은 떠돈다.** 하이
데거, 그는 **마음**이 땅에 붙어 있었다. 머물기를 좋아하고 떠
돌기를 좋아하지 않았다. 그는 그리스 방식의 독일 사상가
이다. 그에 반해 장자는 떠돌기를 좋아했다. 그의 '땅의 노
래'라면 아마도 다음과 같을 것이다.

숲은 쉬고
냇물은 흐르고
낭떠러지 솟아 있고
비는 떨어진다.

들판은 머물고
샘물은 서두르고
바람은 떠돌고
축복은 땅에 있다.

쏟아지는 빗속에서 꽃들을 관찰했다. 카메라 조명등으로 기꺼이 잘못 사용하곤 하는 회중전등이 꽃들을 더욱 아름답게 드러내주었다. 흐드러지게 피어난 수국의 모습에 도취했다. 수국은 비를 사랑한다. 산수국 봉오리들은 처음엔 경단 모양. 그런 다음 화려하게 피어난다. 슬로모션으로 보는 불꽃처럼 산수국은 폭발한다. 그 아름다움은 형용할 길이 없다.

빗속에서 장미들을 잘랐다. 장미는 비를 좋아하지 않는다. 장미를 위해 태양이 많이 나오기를 빈다. 노랑자두, 사과, 포도는 천천히 익는다. 까치밥나무의 붉은 열매는 이미 맛이 훌륭하다. 노랑자두나무 아래서는 습기가 계속되자 커다란 버섯 몇 개가 자란다. 독성이 있을지도 모르지만 흙 향기를 풍긴다. 이 향기가 좋구나. 그런 요리라면 기꺼이 먹을 텐데. 향기옥잠화는 아직 피지 않았다. 늦깎이지만 대신 겨울 초입에도 꽃이 핀다. 보라색 초롱꽃들이 밤을 향해 밝은 나팔을 불고 있다. 라벤더는 비 오는 날에도 향기가 진하다. 나비라일락도 이 비로 매우 고통을 받고 있다. 올해는 극소수의 나비들만 이 관목을 찾아왔다.

오늘 아름답지 않은 세상과의 일이 너무 많아 월식을 놓쳤다. 얼마나 어리석은지!

사과알들이 많이 굵어졌다. 노랑자두는 천천히 익어간다. 황금색으로 빛나는 그 광채를 바라보는 것이 즐겁다. 아직 신맛이 난다. 나비라일락이 아직도 피어 있다. 멧노랑나비 한 마리와 공작나비 한 마리가 연보라 꽃송이 위에 움직이지 않고 앉아 있다.

갑자기 커다란 잿빛 잠자리가 귓가에 웅웅댄다. 지난해에도 이 잠자리가 왔었다. 어쩌면 좋은 조짐. 어린 시절 나는 곤충채집망으로 잠자리를 잡았지만 다시 놓아주곤 했다. 잠자리를 찢어 죽이던 내 친구들의 폭력을 이해하지 못했다. 나는 낚시도 좋아했다. 잡은 물고기는 도로 놓아주었다. 낚시질은 명상이었을 뿐이다. 정원 일은 일이 아니라 명상이며, 정적 속에 머무는 일이다.

향기옥잠화가 핀다. 이상하게도 올해는 향기를 풍기지 않는다. 너무 습한가? 이 꽃은 원래 향기를 풍기는 늦둥인데. 서양톱풀은 보기가 좋다. 수국 비슷하다. 내가 심은 것이 아니다. 그것은 '잡초'로 내 정원을 찾아와 나를 행복하게 해주었다. 또 다른 '잡초'들도 있는데, 그들이 아름다우니 기꺼이 내 정원에 놓아둔다. 그들은 마구 우거지지도 않

Liliaceae

Tricyrtis japonica

뻐꾹나리 (백합과)

는다. 이들도 **외톨이**다.

이상하거나 별스럽게 보이는 꽃들이 있다. 나의 베를린 아파트 안뜰에는 특별한 꽃을 가진 관목이 서 있다. 붉은 중국 램프처럼 보인다. 처음에는 이것이 금낭화 관목이겠거니 했다. 하지만 아니었다. 아래로 늘어진 작은 봉들을 장식처럼 매단 것이 이국적인 램프 갓처럼 보인다. 정원에는 꽈리 한 그루가 있다. 가을이면 꽈리들이 코스모스들 곁에서 붉은색으로 빛난다.

향기옥잠화 꽃이 핀다. 늦게 피는 이 옥잠화가 좋다. 이 **늦둥이**는 향내를 풍긴다. 뻐꾹나리가 피기 시작한다. 이 또한 늦게 피는 꽃. 가을아네모네는 흰색과 장미색으로 빛난다. 순결나무는 가을 속으로 고요히 광채를 낸다. 한국산 어성초

정원사의 일기   177

는 매우 특이한 꽃을 피운다. 네 장의 흰 포엽과 함께 곤봉 모양 하얀 **이삭꽃차례**가 달린다. 잡초들은 자주 아름다운 꽃을 피운다. 내년에는 한국 민트인 배초향Agastache rugosa 을 심을 셈이다. 이것은 이곳 민트와는 달리 무성하게 자라지 않는다고 한다. 나는 마구잡이로 자라는 식물이 싫다.

2017년 8월 25일

오늘은 축축하고 추운 가을날. 벌써 **가을이다**. 노랑자두는 샛노랗게 익어서 아주 맛있다. 올해는 열매가 많이 열렸다. 그에 비해 사과나무는 사정이 좋지 않다. 겨우 몇 알의 사과만 보인다. 올해 사과는 시고 떫은맛이 난다. 분명 햇빛이 너무 적었다. 일본산 금송은 올해 많이 자라서 밝은 초록으로 빛난다.

　지금 세계는 모든 것을 태우는 산불에 이어 대홍수에 잠긴 듯하다. 인간은 지구를 손상시키고 있다. 이제 그들은 그런 잔인함과 반이성에 대한 벌을 받는다. 오늘날 다른 어느 때보다도 더욱 '땅의 찬가'가 필요하다. 우리는 땅을 보호해야 한다. 그렇지 않으면 우리는 우리 자신의 파괴로 몰락할 것이다.

위험이 있는 곳에
구원도 자란다.

프리드리히 횔덜린

오늘은 해가 나지만 진짜 가을이다. 장미는 아직도 꽃피려
한다. 거침없이 계속 피어난다. 나는 다시 장미의 가지를 쳐
냈다. 수국은 마지막 꽃송이들을 매달고 있다. 색깔과 빛이
힘을 많이 잃었다. 다양한 색깔을 지닌 그 가짜 꽃들이 천
천히 시든다. 장밋빛 가장자리를 두른 채 늦게 피어난 흰색
수국이 올해는 특히 보기 좋다. 이 꽃은 옥잠화 사이에 절
반쯤 숨어서 피어 있다.

　수국의 마른 꽃송이들이 겨울에는 특히 아름다워 보인
다. 이들은 겨우내 나를 행복하게 하는 가장 아름다운 겨울
꽃. 나는 그 병든 아름다움이 좋다. 이른 봄 진초록 순들 사
이에서 마른 꽃송이들을 매단 수국이 서 있으면 특히 매혹

적이다.

향기로운 꽃들 중에서는 늦게 피는 향기옥잠화가 가장 멋진 향기를 낸다. 그토록 우아하고 나긋하고 다소곳하고 고귀하고 섬세한 향을 내는 식물은 내 정원에 다시없다. 나는 향기옥잠화처럼 향기롭고 싶구나.

2017년 9월 3일

아프리카 나팔꽃 검은 눈의 수잔이 띄엄띄엄 피어 있지만 이미 낮에도 몹시 춥다. 순결나무는 품위 있게 계속 꽃핀다. 가을을 밝게 비춘다. 지금은 키 큰 흰색 히비스커스와 일본산 가을아네모네가 가장 아름답다. 나라면 이들을 '언제나 빛나는Coruscis perennis'이라[는 학명으로] 부를 터인데. 히비스커스는 기품과 순수함을 잔뜩 지녔다. 많은 아름다운 꽃들이 그렇듯 이것도 아시아 출신이다. 나의 비밀정원은 그러니까 **극동 정원**이다. 벌써 3년이나 정원에 서 있는 중국산 겨울꽃인 납매Chimonanthus praecox는 아직도 꽃피기를 망설인다. 이것은 마비시킬 정도의 향기를 가졌다고 한다. 내년에는 이 꽃이 피기를 희망한다. **희망하기**는 정원사

Calycanthaceae

Chimonanthus praecox

납매 (받침꽃과)

의 시간방식. 그러므로 내 땅의 찬가는 **다가오는 땅**을 향한
것이다.

2017년 11월 20일

오늘은 얼음장처럼 춥다. 비와 우박이 내린다. 방금 전 동트
기 전에 다시 정원에 있었다. 무릎 높이까지 낙엽이 수북했
다. 가을벚꽃이 마치 봄인 양 거의 무아지경으로 피어 있다.
하얀 나무수국도 아직 피어 있다. 다른 수국들은 완전히 시
들었는데. 이들이 이 겨울 추위에 꽃피어 있다는 게 믿어지
지 않는다. 장미는 거의 반항적으로 형태와 색깔을 유지한
다. 서리가 그 위에 내리면 장미는 특히 매혹적인 모습이
된다.

꽈리의 과피果皮가 완전히 투명해졌다. 섬세하게 짜인 그
골격을 통해 붉은 열매가 보인다. 그 전체가 값진 장신구
같다. 땅은 예술가, 놀이하는 여인, 유혹하는 여인이다. 땅
은 낭만적이다. 내게 감사의 감정을 불러일으킨다. 그리고
생각할 거리를 잔뜩 주었다. 생각하기란 감사하기다.

어린 시절에 나는 아주 조심스럽게 꽈리의 속을 비워서

작은 풍선 모양으로 만들었다. 입 안에서 그것을 굴리고 소리를 만들어낼 수도 있다. 나는 정원에 한 조각 어린 시절을 두고 있다. 작살나무는 아침 여명에 반짝이는 보랏빛 진주들을 매달았다. 땅은 아름답다, 아니 거의 마법을 지녔다. 우리는 땅을 보호해야 한다. 보호하는 태도로 대하고, 잔인하게 착취하는 대신 찬양해야 한다. 아름다움은 우리에게 보호하라는 의무를 지운다. 나는 그것을 배웠고 경험했다.

정원사의 일기   183

그림 목록